名曲喫茶「ショパン」店主の独奏譜

——クラシック音楽の魅力をあなたと分かち合いたくて

はじめに

今晩は。2012年に上梓した『クラシック深夜便』という本でお目にかかった宮本英世です。覚えておいででしょうか？　お久しぶりです。

NHKの人気番組「ラジオ深夜便」に出演したのがきっかけで知った中高年深夜族の多さと、登場する話題の広さ——それなら私の好きなクラシック音楽にも、関心のある人はきっと多いはずだと気がついて、あれこれの話をまとめて書いたのが前作でした。結構多くのお便りなどをいただきましてね。図に乗ったわけではありませんが、もう一度その続きをやってみようと思い立ちました。

クラシック音楽というと、とかく「難しい」「堅苦しい」と敬遠する人が多いようですが、なあに、知ってみれば、そんなことはありません。「な〜んだ、そんなことか」「誤解していたなあ」「案外面白そうじゃないか」と納得できるものです。知ろうとする前に、先入観に妨げられ、避けている人が多いだけですよ。その辺を知っていただけるかどうか、まったくの素人からこの世界に入った私なりの、あれこれのアプローチによるクラシックのご案内——それがこの本の狙い、特色になっています。

かく言う私は、前著にも書きましたが、都内に少なくなった名曲喫茶（クラシックを聴きながらコーヒーなどを飲んでいただく喫茶店）のマスター。レコード会社のディレクター、通販会社の経営などを経て、44年前から東京都内で「ショパン」という店をやっております。ま、場所が住宅街のため、お客さんはポツリポツリという状態。経営は苦しく生活も楽ではありませんが、音楽に囲まれてコーヒーを飲みながら同好の皆さんとお喋りに興じるのは、なかなかいいものです。歳をとった今はカネよりも、ゆったりとした時間やムードのほうが大切ですものね。

とはいえ、ささやかながらも音楽の世界の片隅に身を置いた者の目から見て、今の世の中、気になることがたくさんあります。それについても、名曲喫茶店の窓越しに視界を広げ、ちょっとだけ喋ってみたいと思います。「ラジオ深夜便」の聴取者層から推して、この本を手にしてくださるのは多分、いろいろな経験を積まれた中高年の方々が中心かと思いますが、いわゆる〝大人の目〟から見て、今の世の中はどうでしょうか？　深刻には考えないまでも、あれこれと気になること、心配なこと、こうあるべきだと思うことなど、口にしてみたい話題が、案外たくさんあるのではないでしょうか。私もクラシックについて書きながら、じつはそんなことが気になっていて、どうしたらそれを文中に表現できるか、いつも気にしています。

そんなわけで本書は表向き、クラシック音楽の世界を逍遥《しょうよう》する雑談集ですが、これによって少しでもクラシック音楽に興味を持っていただけたら、それを背景にあれこれと空想・想像を広げ、そこに生まれる時間やムードを楽しんでいただきながら、できたら実際の音楽も聴いていただきたいと秘かに願っています。

また、若い読者の方で本書によって初めてクラシック音楽に興味を持ったという方がおられたらひと言だけ付け加えます、マニアの独断や業界の宣伝に惑わされずあくまでもご自身の感覚で自由に好きな方法で聴くのがベストです。知識をひけらかすことなく、限られた角度から得た先入観にこだわらないで楽しむといいでしょう。そのための素材として、クラシック音楽ほどすばらしいものはないことを、本書を通してぜひお伝えしておこうと思います。

名曲喫茶店「ショパン」　店主敬白

名曲喫茶「ショパン」店主の独奏譜

——クラシック音楽の魅力をあなたと分かち合いたくて——

目次

はじめに　2

第一楽章　「クラシック音楽」好きが昂《こう》じて　9

Op.1　名曲が似合う場所　10
名曲喫茶を訪れる人たち　10
24時間を名曲で彩《いろど》るとしたら　15
名曲が似合う場所　21
〝演奏会では要注意！〟の曲　26
クラシックを趣味にするには――　31

Op.2　クラシック音楽界の内幕　37
現代社会をひと言で表現すると――　37
クラシック音楽は今、どう受け入れられているか？　42
好きになると、ここまでやる！　46
音楽で食べていくのは大変だ！　50
コンサートを成功させる秘訣　55

第二楽章　クラシック音楽「作曲家」と「作品」たち　61

Op.1　名にし負う作曲家の意外な素顔　62

超有名ながら風変わりな作曲家といえば　62
大作曲家たちの顔と表情　67
「エリーゼのために」「乙女の祈り」を巡る新事実　72
あの音楽家の死因　78
天国に招かれた作曲家たちは、今　84

Op.2　あの名作にまつわる意外な秘話　91

珍曲探しのすすめ　91
数字で覚えるクラシック音楽あれこれ　97
忘れられない「初演」秘話　105
この曲の題名に騙《だま》されるな！　110
「未完の名曲」を探ってみれば　115

第三楽章　こんなとき聴きたいクラシックの名曲　121

Op.1　TPO別に選ぶ曲種と演奏形態　122
クラシックに登場する珍客たち　122
モーツァルトだけではない〈癒《いや》しの調べ〉　127
ロマンチストにお奨めの名曲　132
結婚が近い人に教えてあげたい曲　137
失恋の痛手を癒してくれる曲　142
Op.2　名曲が誘う瞑想の深淵とその魅力　148
「〜ながら聴き」の功罪　148
青春を甦《よみがえ》らせてくれる「小品」たち　153
知っておきたい「日本に因《ちな》む曲」　157
もしも政治家の半数がクラシック音楽好きだったら　162
第三の人生を考える　167

あとがき　173

第一楽章

「クラシック音楽」好きが昂《こう》じて

Op. 1　名曲が似合う場所

名曲喫茶を訪れる人たち

雰囲気・店名……　全盛時代を振り返ると

近頃は一歩外へ出るとどこでも見られる風景——携帯やスマホを手にし、街頭といわず電車内といわず、歩きながら画面を見つめ、指先をせかせかと動かしている——そんな人が多いのにびっくりさせられます。もしかしたら今、本書を手にしておられるあなたもそんな人の中のお一人かもしれませんね。

ともあれ、こんな眺めが定着したのは、『最新の電子機器との付き合いがよほど楽しいことなのかな』と納得しつつ、『私の若い頃はどうだったろう?』と思い返してみると、懐かしさがいっぱいに蘇《よみがえ》ります。もちろん往時にそうした便利な機器はなく、娯楽といえば映画館、パチンコ店、麻雀荘、喫茶店あたりが主役でした。中でも、クラシック音楽を聴かせる「名曲喫茶」は、音楽に飢えた若者たちの気軽なオアシスとして、あちこちに存在し、どこもいっぱいの盛況でした。

名曲喫茶の雰囲気をご存知の方も多いかと思いますが、店内はどこも仄暗《ほのぐら》く、壁面を飾る音楽家の写真や肖像画、レコード・ジャケット、スタンド照明などが静かで落ち着いたムードを醸し出すなか、高性能なスピーカーから響き渡る音楽だけが、演奏会さながらの大音響で、聴き入る人の耳に迫ってきました。

店には、所有するレコードの在庫目録（アルバム風の冊子になっていました）や音楽雑誌、そしてリクエスト・カードなどが備わっており、お客さんはそれらを見て、聴きたい曲をリクエストするのですが、皆がリクエストするのですから順番は分かりません。自分の曲がいつ流れてくるのか、わくわくしながら他人のリクエスト曲にも耳を傾けたものです。

音楽鑑賞が目的ですから、店内での私語は禁止。時折喋る人がいると、周囲から「しっ！」と注意されたり睨まれたりしたものです。飲み物を注文する際にも、客席の間を縫ってそっと近づいてくるウェイトレスが耳元で囁くように言う「ご注文は？」の声に合わせて、こちらも小さな声で「あ、コーヒーを」と答える――そんなやりとりが、懐かしく思い出されます。

当時、名曲喫茶のコーヒー代は、約60円。アルバイトの日給は300円で、三畳一間の下宿代が2500円ぐらいでした。懐かしついでにちょっと、都内にあった名曲喫茶の名を挙げておきましょうか。「コンツェルト」「バロック」（吉祥寺）、「ミニョン」（荻窪）、「ヴィオロン」（阿佐ヶ谷）、「ネルケン」（高円寺）、「クラシック」「ベートーヴェン」（中野）、「風月堂」「らんぷる」「コンサート・ホール」「スカラ座」「マンション・ハウス」「王城」（新宿）、「らんぶる」「白鳥」（渋谷）、「エチュード」「ショパン」「タクト」「ウェスト」（銀座）、「ウイーン」「丘」（御茶ノ水）、「麦」（本郷3丁目）、「ショパン」（小川町）、「でんえん」「リリー」「穂高」（国分寺）――

などが主なものでしたが、それらのうちで今もやっているのは「バロック」「ミニヨン」「ヴィオロン」「ネルケン」「らんぶる」「麦」「ショパン」「でんえん」など数店です。

名曲喫茶が全盛だったのは1960年代くらいまでで、以後、喫茶業界の変化、特に80年代後半に始まったチェーン店化によって、それまで賑わっていた独立系の名曲喫茶は、次々と姿を消してしまいました。

そんな時代に青春を過ごした私は、居心地のよかった名曲喫茶の雰囲気が忘れられず、早くから憧れ続けて、40歳代の半ば、とうとう自分の店「喫茶室ショパン」を開店してしまいました。右に名を挙げた有名店「ショパン」とは特に関係ありませんが、私自身ショパンが大好きで、手元にレコードもかなり集まっていたのが、命名の由来です。

そこまで辿《たど》り着くまでの波乱たっぷりの人生は、過去に上梓《じょうし》した3冊のエッセイ集に書きましたのでここでは省略しますが、開店してからあっという間に45年間も過ぎてしまった名曲喫茶の経営を振り返るといろいろな出会いが思い出されて、つい涙が出そうになります。そんな出会いの中からいくつかを記してみましょう。

〝おしゃべり自由〟な空間づくりの試み

レコード会社、通販会社、会社経営などを経て、私が店を始めたのは44歳のとき。場所は東京・新宿の外れ、中野坂上というところでした。妻と2人で池袋から通って10年経った頃、東京都庁が千代田区丸の内から新宿に移ってくることになり、周囲には開発の波が押寄せて、騒々しさが広がりました。そこで仕方なく、池袋の自宅を改造して移転。それから30年になるわけですが、同地で名曲喫茶「ショパン」の店主としてを通して、おいでになるお客さんと接しているうちに、喫茶店とはどういうものか、特にビジネスでない人と人とのつながり、音楽と時間との関係などが分かり、たまらなく愛しいものに思える瞬間がたくさん生まれました。

失礼を承知で、私の店のお客さんを大きく分類しますと、まずはクラシックが好きでそれを聴くためにやってくる人、次に、音楽に特別の趣味はないけれど近所だからとお喋りしたくてくる人や、私の本を見た・読んだという人、そして名曲喫茶そのものに興味を持ったという人――などに分かれます。

なぜ、そんなふうに分かるかというと、名曲喫茶といいながら従来の多くの店とは違い、私の店ではお喋り自由、むしろクラシックを肴《さかな》にあれこれお喋りしましょう、というのが特色なのです。純粋に鑑賞したい方には非常に迷惑な話かもしれないのですが、時代を考え、場所を考えると、これしか方法がないことを、私は、消えた名店などの分析から自分なりに学んだのでした。

その代わりに、音楽に対する受容の仕方、音楽界の現状や音楽のとらえ方など、クラシックに関する疑問や話題は、お客さんと店主、お客さん同士が何でもぶつけ合うことができます。「鑑賞はそれらを参考にして、個人的にやってもらおう」と（勝手ですが）考えているのです。

まあ、そんなやり方ですが、格別嫌われてもいないな、と自認できるのは、専門家そこのけのマニアが貴重なデータや資料を届けてくださったり、手元不如意のため店主が買えなかったかつての貴重なレコードをコピーしてくださる人があったりするから。他にも、高価なオーディオ装置を譲ってくださる人、北海道や九州の遠方から定期的に訪ねて来られる人、植物好きの妻のため季節の花をいつも差し入れてくれる方――などがおられることからも分かります。それらすべての出会いが、名曲喫茶「ショパン」を始めたお蔭で実現したのです。

といっても店の日常といえば、お客さんのいない空白の時間が大半。そんな時には、開店した頃の不安な気持ちや、突然に来店された大勢のお客さんにあたふたとしたこと、失恋してやってきた娘さんにカウンターの隅で泣かれたこと――など、45年間のいろいろな出来事を思い出し、『それにしてもレコードや本が売れなくなった現在、クラシック音楽は多くの現代人にとって、どれだけの価値があるのだろう』『これからどうなってしまうのだろう?』と、愛《いと》おしくも切ない気分に捉われたりしています。

24時間を名曲で彩《いろど》るとしたら

暮らしの場面に合わせれば楽しめるクラシック音楽

古い話になりますが、以前どこかで、「クラシック音楽は多種多様ですから、どんな気分のときにもぴったりとフィットする曲がありますよ」と喋《しゃべ》ったことがあります。そのとき「でも、具体的に案内してくれる本が見つかりません。どこかにあるのですか?」と聞かれて『さて……』と迷ったものでした。「どんな気分のときにも」と言いましたが、例えば嬉《うれ》しいとき、悲しいとき、苦しいとき、泣きたいとき、酒を飲みたいとき、家族団欒のとき。あるいは朝目覚めたとき、爽やかな気分のとき、昼寝をしたいとき、恋を語るときなど、私たちが日常ぶつかる場面は、考えるといくらでも思いつきます。

そんなすべての場面に合う特定の名曲が本当にあるのかと、あらためて真剣に考えた私は、1988年に「こんな時なにを聴く〜気分はいつもクラシック」(音楽之友社刊)という本を出しました。72場面に設定した「日常の気分」と、「それぞれに当てはまりそうな名曲」を紹介したものですが、珍しかったのか、新聞で取り上げられて、かなりの反響がありました。

そのとき分かったのが、どちらかといえば堅苦しく取っ付き難いと思われているクラシック音楽も、そんな風にふさわしいタイミングに合わせて聴くと以外に親しめる、いや、そういう楽しみ方をしている人が予想以上に多いのだ、ということでした。

それで調子に乗った私は、さらにいろいろな「とき」を、一日24時間に限定し、『目覚めの時から就寝時まで〈いろいろな時間に合う名曲〉というのはどうだろう』と想像してみました。そしてこれも「クラシックの贅沢～快適な一日を演出する名曲70選」（PHP研究所、2006年／刊）として、CD付きで本にしたのです。話が横道にそれますが、このCD（レコード）付きの本というのは、出版社だけでなくレコード会社との共同制作になりますので、刷り増しというのがなかなか難しいようです。本の方は簡単に刷り増しができても、レコードの方は、相当の数がまとまらないと難しいらしいのです。そんなわけで、前作のようにびっくりするような増刷とはならず、いつの間にか絶版となって現在に至ります。

しかし、書いた私がいうのも変ですが、音楽が聴きたくなるのはむしろ身近な毎日の生活において、なのです。刻一刻と過ぎていく今、『何か聴きたいなあ』『今頃の時刻に合う名曲なんて、ないかなあ！』と探している人は、きっといるはずです。そんな方々の参考になるご案内を、もう一度繰り返してみてもよいかもしれないと思い立ち、『CDは付かないけれど、お好きだったらそちらはなんとか探していただけるだろう』と勝手に判断して、〈それぞれの時刻にお奨めの名曲〉を次のように挙げてみました。

早朝から真夜中まで、場面別・お奨めの名曲たち

まず、「真夜中」（午前2時頃と仮定しましょう）。ふと目覚めたとき聞こえてきたらよさそうな曲として、ドビュッシーの「月の光」（ピアノ曲）、モーツァルトの「アヴェ・ヴェルム・コルプス」（声楽曲）、フォーレの「ラシーヌの雅歌」（声楽曲）、マーラーの「交響曲第5番」から第4楽章アダージェット、ドヴォル

ザークの弦楽四重奏曲「糸杉」、バーバーの「弦楽のためのアダージョ」（弦楽合奏曲）、シベリウスの「トゥオネラの白鳥」（管弦楽曲）などはどうでしょう。

いずれも、静かな曲想と優しいメロディーが特色の名曲です。イヤホンで聴くか、音量を絞って小さく流すと、真夜中の静寂にぴったりと合い、ひとりだけの贅沢なコンサート気分が味わえること、請け合いです。

次は「夜明け」。午前5時ごろと仮定します。白みかけた窓辺に凛とした空気を感じる時刻。どこからか、微《かす》かに聞こえてくる「始まり」の鼓動を耳にしながらあれこれと空想し、過去・現在・未来を考えてみる――そんなときに聞こえてきたらいい曲としては、ショーソンの「詩曲」（ヴァイオリンと管弦楽の曲）、リストの「孤独の中の神の祝福」（ピアノ曲）、ホルストの組曲「惑星」（管弦楽曲）、テレマンの「無伴奏フルートのための12の幻想曲」、ディーリアスの「春を告げるカッコウ」（管弦楽曲）、ラヴェルの「なき王女のためのパヴァーヌ」（ピアノ曲ですが、作曲者自身による管弦楽編曲版があり、この方がよいでしょう）、シューマンの「子供の情景」（ピアノ曲集）――などがお奨め。適当に賑やかな曲もありますが、音量を絞って聴くとロマンチックな気分が広がります。気分で聴いて堪能しましょう。

続いて「朝」。7時頃としましょうか。満ち足りた眠りのあとの「目覚め」の時間。窓辺は明るく、やがて昇り始める太陽と明るい陽射し。緑の木々、聞こえてくる鳥の声、そよ風――　爽やかな一日の始まりを音楽で盛りあげるとしたら、次のような曲はいかがでしょうか。

グリーグの組曲「ペール・ギュント」第1番から「朝」（管弦楽曲）、シューベルトのピアノ五重奏曲

「鱒」、ヴィヴァルディの協奏曲集「四季」（ヴァイオリン協奏曲）、ハイドンの弦楽四重奏曲第67番「ひばり」、ヘンデルの「水上の音楽」（管弦楽曲）、モーツァルトの「フルート協奏曲第1番・第2番」、ベートーヴェンの交響曲第6番「田園」――など、ひと言でいうなら、爽やかさと明るさが特色です。

次は「午前中」。10時前後。明るい窓辺で花と緑を眺めながら、休日のような気分で音楽を聴くのです。陽の光はまぶしいほどにきらきらと輝き、空は抜けるように青い――そんな場面を想像すると、ふさわしい曲として次のようなものが浮かんできます。

J・Sバッハの「フルート・ソナタ集」、ベートーヴェンのヴァイオリン・ソナタ第5番「春」、メンデルスゾーンの「無言歌」（ピアノ曲）、モーツァルトの「クラリネット五重奏曲」、ドヴォルザークの「森の静けさ」（チェロ曲）、レスピーギの組曲「鳥」（管弦楽曲）、メンデルスゾーンの交響曲第4番「イタリア」――　のどかさと明るさ、楽器の音色も楽しめるでしょう。

「昼」の時間、正午です。ランチタイムの味わいと雰囲気を高めてくれそうな名曲として、次のような曲はどうでしょうか。モーツァルトの「フルートとハープのための協奏曲」、テレマンの「食卓の音楽」（器楽曲）、フランクの「ヴァイオリン・ソナタ」、クライスラーの一連のヴァイオリン小品（「愛の喜び」ほか）、サティの「ジムノペディ」（ピアノ曲）、ベートーヴェンのピアノ三重奏曲「大公」、J・S・バッハの「ブランデンブルク協奏曲」など、華やかさと優雅さが特色の名曲です。

「昼下がり」午後2時頃です。急ぎの用もなく、のんびりと開放的な気分のひととき。読書をし、散歩をし、好きなことをして疲れたらちょっと眠る——そんなあなたの傍らに流れてきたらいい、似合いの名曲といえば、ドビュッシーの「牧神の午後への前奏曲」（管弦楽曲）、シューベルトの交響曲第7番「未完成」、ボロディンの交響詩「中央アジアの草原にて」（管弦楽曲）、ディーリアスの「ヴァイオリン協奏曲」、ブラームスの「ヴァイオリン・ソナタ第1・2・3番」、リヒアルト・シュトラウスの「アルプス交響曲」、リムスキー・コルサコフの交響組曲「シェエラザード」（管弦楽曲）——　美しいメロディーと長閑《のどか》さ、そして雄大な感じの名曲群です。

「ティー・タイム」の午後3時頃は、仕事をしていても遊んでいても、〝ちょっと一服〟のひとときです。コーヒー、紅茶にお菓子を添えて、喋るもよし、聴くのもよし。ゆったりと時が過ぎるとき、こんな曲はいかが？　J・Sバッハの「コーヒー・カンタータ」（声楽曲）、ショパンの「ピアノ協奏曲第12番」、ムソルグスキーの組曲「展覧会の絵」（ピアノ版、管弦楽版）、J・Sバッハの「シャコンヌ」（無伴奏ヴァイオリン曲）、ガーシュウィンの「ラプソディー・イン・ブルー」（ピアノと管弦楽）、ベートーヴェンの交響曲第5番「運命」、ドビュッシーの「フルート、ヴィオラとハープのためのソナタ」——　多彩な名曲のオンパレード、交替で聴いても楽しめます。

「夕暮れ」の午後5時頃は、日が落ち夜の影が忍び寄るメランコリックなひととき。ワインなどを飲みながら、ちょっとセンチメンタルな気分で聴いてみたい名曲として、次のようなラインナップはどうでしょう。

ドヴォルザークの交響曲第9番「新世界より」、ベートーヴェンのピアノ・ソナタ第14番「月光」、チャイコフスキーのバレエ音楽「白鳥の湖」(管弦楽曲)、ブラームスの「弦楽六重奏曲第1番」、シューベルトの歌曲集「冬の旅」、ショパンの「夜想曲」(ピアノ曲)、リストの交響詩「前奏曲」(管弦楽曲)。いずれも「メランコリック」「センチメンタル」「ロマンチック」などの形容詞がぴったりの名曲です。

「華やかな夜」の午後8時頃と言えば、一日の中でクライマックスともいうべき多彩な時刻。恋人と、友人と、家族と、あるいは一人で過ごす時に、ちょっと聴いてみたいとき、演出効果満点なのが、次のような名曲群です。

J・Sバッハの「2つのヴァイオリンのための協奏曲」、ベルリオーズの「幻想交響曲」、チャイコフスキーのバレエ音楽「くるみ割り人形」(管弦楽曲)、ヘンデルの「ハープ協奏曲」、ワーグナーの楽劇「トリスタンとイゾルデ」から前奏曲と愛の死(管弦楽曲)、チャイコフスキーの交響曲第6番「悲愴」――子ども向きの「くるみ割り人形」を除くと、他はアダルト向きで濃密な作品揃いです。

そして「一日の終わり」の午後12時(午前零時、と言った方があなた好みかもしれませんね)。一日の疲れを癒す安らぎのベッドの中で、緊張を解き、素直な気持ちになって聴いてみたい曲といったら――

J・Sバッハの「ゴルトベルク変奏曲」(チェンバロ曲)、パッヘルベルの「カノン」(器楽曲)、マスカーニの歌劇「カヴァレリア・ルスティカーナ」より間奏曲(管弦楽曲)、フンパーディンクの歌劇「ヘンゼルとグレーテル」より「祈り」(管弦楽曲)、リストの「ラ・カンパネラ」(ピアノ曲)、ヴォーン＝ウイリアムズの「グリーンスリーヴズによる幻想曲」(管弦楽曲)、グリーグの「過ぎた春」(管弦楽曲)などがお奨めです。知らないうちに疲れがとれ、安らかな眠りへと誘われるでしょう。

名曲が似合う場所

「席が仕切られている薄暗い場所」を求めて

齢《よわい》70代半ばを過ぎると、どうも足が弱っていけません。外出して半日も経つと、爪先といわず膝といわず、すぐに疲れてやたらに座りたくなります。それでも健康のためだと、週に一日の休日になると、妻と一緒に街を歩くことにしていますが、目的もなくあちらこちらを歩き廻り眼に入る風景を眺めていると、結構いろいろなことに気づいて面白いものです。

池袋という、都内でも賑やかな場所に近いせいか、建物の変化が激しく、つい一年前にあった古いビルがいつの間にか建て直されていたり、覗いてみたいと思っていた店がまったく別の店に変わっていたりします。そういう変化が、やたらと目につくのです。書店、カメラ店、時計店、陶器店などはどこにもあったはずですが、今では探すのに苦労します。

反対に〝雨後の筍《たけのこ》〟のように増えているのが飲食関係の店です。ラーメン、焼き肉、カレー、パン、ハンバーガー、立ち食いソバ、定食と、それぞれを専門とする店が次々とオープンしては、入れ替わっています。それが、〈変化する街・池袋〉の一つの外観といえそうです。

大通りはそんな具合ですが、ちょっと横道に入ると、まだまだ古い家や古くからの店がないわけではありません。道路にはみ出して花を植えていたり、涼しげな簾を立てていたりする家、朝早くからいい香りを漂わせる豆腐屋さんなども残っています。

昔はどこからかピアノの音が聞こえることもありましたが、最近は殆んど耳にすることがなくなりました。練習する人は増えたといわれているのに、変ですよね。騒音にうるさくなりましたから、きっと防音装置を施した部屋ででもやっているのでしょう。

そんな散歩も、慣れてくると変化を付けようと、道順を変えたり、行ったことのない道を進んでみたりと、小さな冒険をしてみたくなります。だいたいの方向さえ頭に入れておけば、何とか駅前や賑やかな商店街に辿りつきますから、最後はゴールに辿《たど》り着いたような、ちょっといい気分となり『昼飯はどこかへ入ろう』とか、『夕飯は外で済ませよう』なんてことになる日も少なくありません。〝打ち上げ〟のつもりで入る店探しも、これまた楽しみの一つです。

外食と言えば、もっぱら安価な店専門ですが、私にはちょっとした拘《こだわ》りがあります。まず行列して待つ、というのが苦手。どんなに旨かろうが安かろうが、我慢できないのです。若い頃はそうでもなかったのに、変ですね。多分、歳をとってせっかちになったのでしょう。

それから、カウンターに並んでとか、小さなテーブルで知らない人と向かい合って、というのも苦痛です。学生街の食堂とか大衆食堂によくあるパターンですが、知らない人の前でパクパクやるのを見られるのが恥ずかしいからでしょうかね。

ではどんなスタイルがよいのかというと、薄暗くて座席が仕切られていること――これが最低条件です。そういえば、最近若い人たちに人気のある安い酒場は、皆、そうですよね。要するに隣の客が気にならず、とりあえず自分たちだけの空間を確保できる〝場〟。これがもっと高級化すると、銀座のクラブか何かということになるのでしょうが、相手は妻です。疑似体験のつもりでそんな場を選んでいるのかもしれません。

その場にクラシックの名曲は流れているか

右に、「薄暗くて仕切られている、が最低条件」と書きましたが、ここから先は私の理想・願望です（でも決して不可能とも思えませんから、本書を読んでくださる人の中に『同感だ』という方がおられましたら、ぜひ試してみていただけると嬉しいです）。

で、「私の理想」というのは、〈インテリア、料理・飲み物などにふさわしいクラシック音楽を流してほしい、という願いの叶う場〉であることです。「いや、それなら既にやっているよ」というお店があるかも知れませんね。私の行動範囲が狭いだけなのかも知れませんが、図々しく付け加えさせてもらうなら、〈安くて、学生さん向き〉の店で、しかもクラシック音楽付きだったら、他に言うことはありません。

それというのも、インテリアやムードがいかにもすばらしく１００点満点と言ってよい店がずいぶんと増えたのに、流れている音楽はというと、なぜかロック系やポップスが非常に多いのです。多分、有線放送が流されているだろうと思いますが、食事にリズム中心の音楽というのは、胃によくありません。いや、営業政策上はその方がいいのかも知れませんが、私たち老年族や中高年にとっては落ち着かないのです。酒や食事はゆったりと、貴族にでもなった気分で味わうのが、消化にも健康にもいいのです。

話は脱線しますが、今では少なくなってしまった、ビヤホール（「ビアホール」とも言いますが、私にとってなじみ深いのは「ビヤホール」です）のナマ演奏や、レストランでのディナー・コンサート。あれを、もっともっと復活してほしいですね。ビヤホールの方は今でも時々出かけますが、経営上の都合からか、料金がどんどんと値上げされて、演奏料も別。次第に行き難くなっています。何よりも、演奏される音楽の内容がマンネリズム。このままでは常連客に飽きられてしまうのではないでしょうか。

それに比べると、ディナー・コンサートの方は、演奏者の数が少なく、例えばヴァイオリンとピアノ、フルートとピアノ、ピアノ・ソロなどがじっくりと身近な位置で聴けるので、音楽的感動が強いというメリットがあります。演奏家たちも数多くいますから、実行するのもそれほど難しくありません。ただ、店側としては最低ピアノを備えなければなりませんし、音楽家たちへの謝礼を考えると、食事代はやはり高くせざるを得ないようです。その点が、私たち顧客側の出足を鈍らせる一番のネックです。どうしたらいいのでしょうね……。

飲み物、食べ物へと話が傾いてしまいましたが、散歩をしていてついつい考えるのは、街や店・風景の中にもっとクラシック音楽を取り入れることはできないものだろうか、ということです。コンサートへ行き、かしこまって聴くクラシックの名曲も、もちろんすばらしいけれど、すてきなインテリアや光と影、色彩に満ちたそれ以外の場所で聴くクラシックも、気分が変わっていいもの。それらにぴったりな名曲も世の中にはたくさん揃っていると私は思うのです。

古い話ですが、ロマン派の作曲家、フランツ・リストの作品で私の愛聴曲となっている「孤独の中の神の祝福」（「詩的で宗教的な調べ」に含まれる一曲）を知ったのは、音楽業界へ入ったばかりの頃、銀座裏の小さなカフェ・バーで美しい女性が弾いていたのを聴いたときでした。今でも弾く人が少ない、隠れたピアノ曲です。そんな曲が聞こえてきた銀座を、だから私は忘れることができません。

もう一つ、ここ数年の間にした珍しい体験を書きます。東京・目黒の自由が丘で開催されたケーキ・フェスティバルの出来事です。私は知りませんでしたが、自由が丘という街はケーキ屋さんが集まっていることで有名なのだそうですね。その中心ともいうべき「スウィーツ・フォレスト」というビル内で催された「ケーキ祭り」に際し、主催者から、各店舗が新作として発表するケーキに、音楽に因む名前を付けてほしい――という依頼が、なんと私のところへ来たのです。ビル内にクラシック音楽を流し、その中で各店舗自慢の新作ケーキを発表するという、何ともユニークな企画です。

ケーキ好きの妻は大喜びしましたが、私の方は戸惑いながら、「インテルメッツォ」「エンペラー」ほか5つほどの名を提案してめでたく決定。雑誌などの取材も受けたりして、やはり忘れられない思い出となりました。

そのほか、日帰りバスツアーで行った茨城県の「足利フラワーパーク」内で、広い花園の一角から聞こえてきたクラシック曲の、いかにも似つかわしかったこと！　黙っていられなくなって、管理事務所へ声をかけてしまったほどでした。

こうした限られた場所だけでなく、もっといろいろな場所から、その場に相応《ふさわ》しいクラシックの名曲が聞こえてきて、「なるほど、ぴったりでいいなあ！」と思わせる――そんな風になったら、クラシック音楽好きが増え、誰もが街の眺め方を変えるかも知れませんね。

〝演奏会では要注意！〟の曲

「演奏会」だけが持つ、他にない魅力とは

音楽を楽しむには、演奏者を直接に目の前にしながら聴く「ナマ演奏」と、録音されたものをレコードやCD、カセット・テープなどで聴く「再生録音」との2つがあることは、もちろんご存知かと思います。どちらがいいかと聞かれれば、誰しも「ナマ」の方を選ぶでしょうが、それには高い料金を払い、わざわざ演奏会場へ足を運ばなければなりません。おまけに何でも聴けるというわけでなく、演奏者側が予《あらかじ》め決めた曲を聴くことになるわけですから、まあ、日常はレコード・CDで楽しんでいる人の方が圧倒的に多いでしょう。

しかし考えてみると、録音された音を聴くという場合は、演奏者と私たちの間に各種の機器が入るわけで、機器の性能や特徴によって微妙に変化した音を聴くことになります。そればかりか、失敗すればやり直す、場合によっては編集の手を加えて途中から繋《つな》ぐこともあるので、人によっては「加工品」「缶詰の音だ」と眉を顰《ひそ》めるほど臨場感に欠けたものとなりかねません。まあ、本来的な音でないことは確かですから、レコード・CD派といえども、時には演奏会へ出かけて、ナマを聴くのがいいのではないでしょうか。

その演奏会（コンサート、リサイタル）にどんな魅力があるのか、を考えてみましょう。何といっても一番は「演奏者の発する音を、同じ空気を吸いながら直接に受け止めることができる」でしょうか。い

や、それ以前に、コンサート会場へ行くまでのウキウキとした気分や、場内に入ってからの緊張感、期待感も大きな楽しみです。そして聴衆の前に登場する演奏者の魅力的な容姿、表情、仕草、演奏の素晴らしさ――いろいろありますね。作品や演奏者に対する思い入れが強ければ感激もひとしおで、演奏が終わった瞬間には思わず「ブラーヴォ！」（見事、すてきの意。女性に対してはブラーヴァ！、複数の演奏者に対してはブラーヴィ！。特に複数の演奏家の場合には注意が必要です）と、声を掛けたくなります。声掛けはともかく、感激と感謝の拍手をしたくなるのが自然でしょう。

しかしそのタイミングについては、ちょっと気をつけなければならない面倒な曲、習慣といったものがあるので、ご紹介しておきましょう。以下は、知らずに行って気恥ずかしい思いをしないための知恵ですが、規則ではありませんから、深く拘《こだわ》る必要はありません。

まず一つは、曲の終わりがはっきりしない、いつ終わったのかわかり難い作品があることです。その代表はチャイコフスキーの名曲、交響曲第6番「悲愴」。作曲者が死の9日前（1893年12月28日、於・ペテルブルク）に発表したこの交響曲は、定型どおりに4つの楽章で構成されていますが、普通ならアレグロとかプレストといった急速で華やかに終わるべき終楽章が、なんとアダージョ・ラメントーソ（悲しみのアダージョ）という、ゆっくりと重苦しいスタイルで書かれています。悲痛な感じの第一主題と懐古的な第二主題とが絶望感を盛り上げると、死を暗示するようなタムタムが続き、最後はいつ終わったかわからないほどの弱奏（音がほとんど聞こえない）で締め括られます。どこで拍手をしたものか、とてもわかり難い曲、とされる所以《ゆえん》です。指揮者に注目し、彼が指揮棒を置いたとき、あるいは聴衆席に振り向いたときが、拍手のタイミングとなります。

同じ交響曲では、グスタフ・マーラーの「第4番」「第9番」「大地の歌」、ブルックナーの「第9番」（未完）なども、最後は静かに消えるような書き方をされているので要注意！です。

交響曲以外の曲はどうでしょうか。ホルスト（イギリス）の人気曲、組曲「惑星」（太陽を巡る7つの惑星を、占星術と結び付けて描いた管弦楽曲）の最後「海王星――神秘の神」は、海の彼方へ消えていくような、女性合唱によるヴオカリーズ（ア・イ・ウ・エ・オの母音で歌う曲）で終わります。

また、同じヴォカリーズで同じように終わる、ドビュッシーの「夜想曲」（「雲」「祭り」「シレーヌ（人魚）」の3曲からできている）もあります。どちらもよく演奏されるので、要注意でしょう。

『終わった』と思ったら、続きがあった（冷や汗）

次に、終わったかと思って声をかけたり拍手したりすると、じつは続きがあった――という、意地悪な作品について。うっかり拍手などをすると、マニアからは「素人だな」と思われてしまう厄介な曲があります。

その代表格は、多分誰もが聴いたことがあるウェーバーの「舞踏への勧誘」。原曲はピアノ曲ですが、私たちは多くの場合、ベルリオーズによる管弦楽用編曲で親しんでいます。〈ある舞踏会で、紳士が淑女にダンスを申し込むと、最初は躊躇するものの再び求められて同意し、カップルとなってワルツを踊り始めます。そして終わると、互いに礼を述べあって別れる〉という情景を描いたものですが、ワルツの終わりの部分でいかにも華やかに盛り上がるために、つい『ここで終わりか』と、拍手をしたくなります。しかし、一拍おくとすぐに、冒頭の部分が繰り返され、それが終わってようやく全曲の締めくくりとなるので、それまで拍手は待ちましょう。

もう一つそっくりなのが、リヒャルト・シュトラウスの交響詩「ティル・オイレンシュピーゲルの愉快ないたずら」という曲。14世紀にドイツ中を暴れ回ったといわれるいたずら者の様子を描いたユーモラスな作品で、その終わりは、捕まり死刑を宣告された主人公ティル・オイレンシュピーゲルが、抗弁の甲斐もなく絞首台で首を刎《は》ねられる場面。力強い死の動機とともに厳粛な部分が出来《しゅったい》して、曲はいかにもそこで終わったように聞こえますが、次の瞬間、曲の冒頭のティルを表わす主題が再び現われます。ティルを回想し、「いたずら者だったが、楽しい奴だった」と、彼が今でも物語の中に生きてることを表現して曲を締め括《くく》るわけです。

そのほか、静かに消えていく曲の終わりが、「ジャン」という強打音で締め括られる、ケテルビー（イギリス）の管弦楽曲「ペルシャの市場にて」も、同様です。あわてて拍手しないよう注意しましょう。

続きがまだある、という点ではヨハン・シュトラウス2世の「常動曲」（「無窮動」と訳すこともあります）も、気をつけなければなりません。ポルカ風のこの曲は、軽快な楽想で展開される3分ほどの曲ですが、終わりに来ると「ダ・カーポ（頭に戻れ）」となっていて、曲の初めに戻ります。ところが楽譜どおりにやると、何回やっても「頭へ戻れ」で、終わりがありません。ですから実際には1、2回やったところで指揮者が「これで、止めるぞ」と合図して終了することになっています。そこで、聴く方も指揮者に注目しておき、はっきりと終わりが分かってから拍手した方が無難です。

このような繰り返しのしつこさに辟易《へきえき》しながら、つい連想してしまうのはベートーヴェンの交響曲で、「第2番」とか第3番「英雄」、第5番「運命」、第7番などの終わり方です。もう終わるかと思うといつまでも繰り返される主和音や最強音（第2番などは、延々159小節にもおよぶコーダ＝終結部が展開）には、正直「もういい」と思う人があるかもしれません。間違えることはないものの、〝拍手のタイミングに気を使う不思議な曲〟と言えそうです。そうそう、シューベルトの名曲、ピアノ五重奏曲集「鱒」の終わりもそうでした。こちらは特に注意してくださいね。


最後に、最近は崩れてきたようですが、〈終わっても拍手をしない習慣のある曲〉として、モーツァルトやフォーレ、ヴェルディ、ブラームスらにある「レクイエム」（鎮魂ミサ曲）があります。葬儀用の音楽ですから、これは当然といえるでしょう。さらに年末に演奏される機会の多い、ヘンデルのオラトリオ「メサイア」（「予言と降誕」「受難と贖罪」「復活と永遠の命」の3部・53曲から成っている）では、第2部の最後（44曲目）で歌われる「ハレルヤ・コーラス」に差し掛かると、聴衆は立ち上がって聴くという習慣があります。これは1744年にロンドンで初演された際、臨席していた国王ジョージ2世がこの部分で突然立ち上がったという故事が、世界中に広まり習慣化したものと伝えられています。

なお、長大な曲や難曲を聴いた後の拍手は、ほどほどにしましょう。演奏者は疲れきっており、いつまでもアンコールをねだるのはいかにも気の毒だからです。

クラシックを趣味にするには――

悪過ぎる〝需要〟と〝供給〟のバランス

　既に触れましたが、最近のクラシックをめぐる音楽事情では、若い人を中心に楽器を習う人が増えたことと、聴く人の中に年配者が圧倒的に増えたことの二つが、大きな特徴といえそうです。そしてささやかですが私がやっているのは聴く人を増やすこと、そのためのPRといったものです。なぜそうしているのかと言えば、供給（演奏家）と需要（聴く人）のバランスが悪過ぎて、演奏家やその関係者が食べていくのに四苦八苦しているのを見ているからです。

　年代の違う若い人はなかなか耳を傾けてくれませんが、中高年の人々の中には、演奏会へ行くだけでなく、もっとクラシック全体を知りたい、クラシックを趣味にしたいと思う人も増えてきたらしく、中には私の店を訪れ、その方法などを質問される方もおられます。

　そう問われて、これだ！という決定的な答えはありませんが、私自身は10代の頃からクラシックに惹《ひ》かれ、慰められたり助けられたりしながら、成人後も一応はクラシックの世界にいたものですから、一つの参考とお断りした上で、経験談などをよく喋っています。

　考えてみますと、私たちの周囲には、楽しいこと、興味を惹《ひ》くことがたくさんありますよね。現在だったら圧倒的に携帯・スマホでしょうし、昔からの映画やパチンコ、スポーツ（特にサッカー、野球）も健在です。そんな中で音楽はどうかというと、若者向けのロック、8ビートはともかく、ある年代以上の人向きなものは、まったく衰退しています。今なお、全世代に共通して人気なのは、テレビかも知れません。そのテレビがもっとクラシック音楽を取り上げ流してくれたら、聴く人・興味をもつ人も増えると思うのですが、現実はそうなっていません。

要するに、たくさんある他の娯楽に目を奪われていて、相対的にクラシックへの興味が薄れてしまった、時間を配分できなくなった――というのが、誰にとっても一番の外的要因でしょう。でも、学校時代に聴いた懐かしい記憶、何かの機会に演奏会に行って、会場で圧倒された生々しい迫力の思い出、たまに見かけるクラシック・マニアの詳しそうな話に接して、「今からでも」となるのだと思います。

50年以上も昔、私が若かった頃は前述のように娯楽の種類も随分と限られていました。カネのかかる麻雀やパチンコを除くと、貧しい学生に縁のあったのは、喫茶店と映画くらいだったかと思います。それさえも滅多に行けなかった私は、ただ憧れて遠くから見ているだけ。そんな環境の中で、クラシック音楽を聴かせる「名曲喫茶」は、心の中のオアシスでした。その時の気持が嵩じて、やがて勉強していた経済とは方向違いのレコード業界に就職した挙句、あれこれの変転の末に、名曲喫茶「ショパン」を開店したという次第。そのことはもう、遺言代わりの『クラシックよ永遠に――名曲喫茶ショパン店主の追憶』という本に書きました。ともかく、娯楽の数が限られていた分だけ、クラシック音楽は若者にとって入り込み易かったわけです。ですからこれからクラシックを趣味にしようという人は、今、好きで付き合っている娯楽を整理し、クラシック音楽を比べて、どちらを取るかをまず考える必要があるかもしれません。エネルギーや時間の使い方を考えれば「何でも」というのは無理だと思うのです。もし、捨てられないものがあったら相当の覚悟をし、努力すること。それなら可能かもしれません。

機会あるたびに喋らせていただくのですが、ひと口に〝好きなこと〟と言っても、「娯楽」と「趣味」の二つに分けられます。娯楽は、日常その時そのときに心を癒し、慰めていい気分にさせてくれるもの。趣味は、あれこれある娯楽の中から最も好きなものを選び、一生付き合っていくもの。途中で止めてしまったら、それは娯楽に過ぎないのです。趣味は、人生で何かあったとき役に立ち、何かしら助けてくれるものです。例えば趣味を究《きわ》めて成功した人たち――「銭形平次」の野村胡堂さん、ソニーの大賀典雄さん、「シクラメンの香り」の小椋桂さん――がいるではありませんか。まあ、有名人にならなくても、これからの人生で、クラシックが助けてくれること、好きになってよかったと思うことは、決して少なくないような気がします。

それからまた、「クラシック音楽を趣味にする限り、何かと知識を増やし、薀蓄《うんちく》を語れるようにならねばならない」と思う人がいるようですが、それはとんだ誤解です。多分、マニアか雑誌の影響だと思いますが、クラシック音楽は聴いて楽しむもの。語って楽しむものではありません。好きな者同士が語り合うのは構いませんが、これからという人が巻き込まれる必要はなく、あくまでも自分中心に、好きなように楽しめばよいのです。

というわけで、まず何をするか、基本的な事柄をまとめてみましょう。

（1）クラシックへの好奇心を高めること

（2）いろいろな曲をたくさん聴くこと
（3）聴きながら、あれこれと想像してみてください（想像の内容は何でも結構です）
（4）場当たり的、気分次第に、ではなく、習慣的に聴いてみましょう
（5）特に気に入った曲は、忘れないようメモをとりましょう
（6）聴いた曲、覚えた曲が溜ったら、どんな曲が多いか整理してみます
（7）いくつかの攻略法（ピアノ、ヴァイオリン、フルートといった楽器中心、あるいはモーツァルト、ベートーヴェンなど作曲家中心、交響曲・協奏曲などジャンル中心、バロック・古典など時代別、カラヤン・小沢征爾などの演奏家中心）があることを覚えましょう
（8）そこまで進んだら、好きな攻略法を中心に、さらにいろいろな曲を聴いてみてください。

「たくさん聴くこと」と「いくつかの方向性」を記しましたが、さてどうやって聴くかというと、必要なのはCD（レコード）ですよね。もちろん〝ナマ〟の演奏会もありますが、こちらは自分の自由になりません。CDもあまり買わない人にとっては、探すのに苦労するかも知れませんが、なに、昔のファンのことを思えば、そのくらいの努力は軽いもの、「探す楽しみ」「コレクションの楽しさ」が味わえるのですから。

老店主からの細《ささ》やかなアドバイス

さて、どんな曲を聴く場合にも、『こんなことを考えながら聴くと飽きない』という〈聴き方のアドバイス〉

を一つ。「自分の好きなようにお聴きなさい」と言っておきながらおかしいかも知れませんが、正直なところクラシック音楽は長いし、楽器の音だけだし、覚え難《にく》いし、マジメに付き合っていると初めは誰でも退屈するのは確か。そんなものだと体験的に知っている、名曲喫茶老店主の老婆心です。

まずは、高価な一流演奏家の演奏会へでも行ったと思ってください。それからそれを書いた作曲家のことをあれこれ（どこの国のどんなヤツ？　男か女か？　性格は？　何歳頃の作曲か？　音楽史の上ではどんなことで有名なのか、この曲の知名度は？　などなど）知りましょう。それでも飽きそうなときは、「終わったら一杯やろう」でも「どんなとき聴いたら相応しいのか」でも構いません。この「どんなときに相応しいか」は、クラシック音楽を日常生活と結びつけるという点で重要です。なぜって、クラシックは「いい気分になるため」「生活を彩るため」に非常に役立つからです。嬉しいとき、悲しいとき、考え込んだとき、幸せを感じるとき、何かに憧れるとき、思い出を懐かしむとき、憂鬱な気分のとき……　慣れるとどんな気分のときにも合う曲があることが分かって、じつに便利です。

要するに、「クラシック音楽は、想像・空想しながら聴く楽しみなのだ」ということです。好きになり、のめり込むと、それだけ想像・空想の世界が広がり、あれこれ考えることが楽しくなります。アイディアが沸きやすくなり、ストレスが溜りにくくなるのです。したがって病気になりにくくなる——とまあ、これが私の持論なのですが、実際クラシック音楽のお蔭で、この歳になっても、お医者さんのお世話になることは滅多にありません。

脱線してしまいましたが、「たくさん聴くこと」をある程度（とりあえず一年間くらい）実践していると、その間にはあれこれの知識も自然と身に着いてきます。曲のこと、作曲家のことについては、ＣＤに解説も付いているでしょう。聴きながら読む気にもなりますから、ゆっくりと頭に入れればよいのです。その途中には、好きな者同士、仲間ができるかもしれません。意見交換するのもよし、質問するのもよし。その上、手がかりになりそうな本を読む機会が増えれば好奇心が満たされ、クラシック音楽を楽しむ道はさらに拓《ひら》かれていくのです。

ついでにもうひと言。よく「何から聴くとよいか」と尋ねられることがありますが、この問いへの正解は、一つではありません。「お好きな曲からどうぞ！」「何かのきっかけで興味をもった曲種・作曲家・楽器からどうぞ」と、答えは多様です。それでも迷う人は、ピアノやヴァイオリン、オーケストラの「小品」（セミ・クラシックとかライト・クラシックといいます）などから始めるとよいかも知れません、ご存知の曲がたくさんありますよ！

Op. 2　クラシック音楽界の内幕

現代社会をひと言で表現すると――

名曲喫茶での語らいがよく紡《つむ》ぐ話題は

ご年配の方ならご存知だと思いますが、「名曲喫茶」といえばクラシック音楽を聴くのが目的の喫茶店。注文したコーヒーなどが出てきたら、音楽を聴きながら黙ってそれを飲むのが原則です。しかし私の店はちょっと変わっていて、お喋りは自由です。いや、むしろ私と一緒にあれこれと喋るために来られる人の方が多いでしょう。

なぜそんなスタイルにしているかは、先に「名曲喫茶を訪れる人たち」のところで述べましたので、ここではお店の中でどんなことが話題になっているかをご紹介しましょう。

ともかく、いろいろなお客さんが（ポツリポツリですけれど）見えるのですよ。私との会話の話題もさまざま。スポーツ、健康、現役時代の仕事のこと、過去の恋愛譚《コイバナ》から、趣味、病気、政治、マナーまで、それこそ何でも俎上に上ります。一般に〝政治と宗教の話は避けた方がよい〟などと言いますが、「ショパン」

では店主もお客さんもあまり気にしません。唯一、暗黙のルールになっているのは、話を店内だけにとどめ、一歩店外へ出ればすべて〝なし〟にすることです。店外で蒸し返されたら「へえーっ、そうなんですか?」と、トボケます。まあ、それが気楽でいいと気に入って皆さん来られるのかもしれません。

最近、ちょっと興味を惹《ひ》いた話題は、「現代社会をひと言で表現すると、何だろうね?」という話題。いきなりそう切り出されたら、何だか対応が難しいですね。あなたなら、どう切り返されますか?

で、ある人は「スマホの時代じゃないかな」とポツリ。なるほど、なかなか的を射ている気がしました。なにしろ街へ出れば、歩いていても電車の中でも、ほとんどの人がいじっていますものね。そうかと思うと、「100円ショップの時代じゃないか」という人がいて、これにも『もっともだな』と納得です。「安価な品物のお蔭で、誰もがなんとか生きていける。ヒャッキンを頼りにしている人は見かけ以上に多いはずだ」という分析。同感できそうです。

さらにある人は、「手間を省く時代。つまり楽《らく》を求める時代だと思うな」。これもまったくそのとおりでしょうね。料理・洗濯・掃除など、生活する上での基本になる仕事はすべて、昔と比べて格段に楽になりました。カネがあれば、あれもこれも、すべて他人がやってくれます。そうでなくても発達した電気器具のお蔭で、ボタンを押すだけ。テレビで見たのだったか、最近の若い女性の中には、包丁を持たない人もいるのだとか。びっくりですよね。思い出すのですが、このような風潮の始まりは多分、セブン・イレブン(午前7時から午後11時まで)が登場した時期かもしれません。

確かに、面倒なことをすべて機器や他人がやってくれる楽な時代です。でも『そうやって節約したり余ったりした時間を、何に使うようになったか』と考えると、問題はいろいろありそうです。そのことは後回しにするとして、まだまだ別の意見もありました。

「『大量生産の時代』というのはどうだろう」と見立てる人によれば、「昔ながらの家内工業的なものは、小さいし発展性がない。それよりは工場で大量に生産し、スーパーやチェーン店を通して大量に売る――というわけで、本来家庭内で作るべき料理やおやつでさえ、テレビＣＭや広告によって、主婦の手から奪っている現状がある。みんなアメリカから来た、能率重視のドライなやり方だけれどね」。そう言われればこれもまったくそのとおりです。

没個性の生活風景にモノ申す

甲論乙駁を楽しむお客さんに交じった私は、「情報過多の時代」と表現しました。情報媒介の手段が新聞・ラジオだった時代から、テレビ・パソコン・スマホへと広がり、大から小まで、どんな情報も一瞬にして手に入る便利な状況になりました。だから私たちの周囲は、さまざまな情報だらけ。良い情報もあれば、悪い情報もあり、緊急に必要なものもあれば、どうでもよいものもあります。何に関心を持つのも自由だから、それらの中から何を選ぶかよく考えないと、とんでもない方向へ傾いてしまう可能性があります。「判断力が大事な時代なのではないか」と付け加えました。

ビジネスの世界では、前出の１００円グッズにしろスマホにしろ、また種々の手間を省く機器にしても、売り手は次々に生まれる新商品や新情報を目立たせるため、盛んに宣伝・広告を打ちます。溢れる情報に戸惑っている人たちには、これが大きな手がかりとなり、それによって〝より目立つもの〟へと、多くの人々が関心を寄せます。逆に、宣伝できない（余裕がない）商品や物事にはまったく目が向けられず、いつしか忘れられていくことになります。ですから「情報過多の時代」はもう一つ、「宣伝・広告の時代」へもつながっています。

テレビや新聞、街の風景を見ていて気づかれませんか。例えば、番組内容が分からなくなるほど頻繁に入るテレビＣＭ。夜中などはもう、ほとんどがＣＭといってよいテレビ番組だらけです。他にも、景観などはそっちのけで都会に溢れる広告看板、大げさなキャッチフレーズを競う週刊誌や雑誌の類。ほとんど捨てられることを承知で入ってくる新聞の折り込みチラシ……　すべて、自分たちを目立たせようとする手段ですよね。

これらを見て、さきの「手間を省き、楽を覚えた人たち」が次々と群がるのです。その光景は、よくいえば「優雅な生活の一断面」、悪く言えば〝宣伝に乗せられた、没個性の生活風景〟といったところでしょうか。

あらためて言うまでもなく、宣伝・広告には、カネが掛かります。それをカバーしてなお、利益やメリットが生まれるよう、裏側ではさまざまな工夫やテクニックを使います。ときにはウソや騙《だま》しすれすれの表現が使われることもあります。それでも繰り返し宣伝されると、真実の香りが漂い始めて人々は信じ、靡《なび》いてしまいます。現実だと思ってしまうのです。それが宣伝・広告の魔力だと思います。

でも、ご存知のように、広告・宣伝に潜《ひそ》むウソがバレることもあるのですよね。ＣＭや新聞・テレビなどで持ちあげられていた人物や品物が、じつは本物でなかったという事例や、被害を生む欠陥商品だったという例が、最近いくつか発覚したではありませんか。「佐村河内氏─資生堂─朝日新聞」といえば、思い出される向きもおありでしょう。

そんなことから、「広告とか宣伝というのは、じつは恐ろしいものなのだ」「情報には裏があるのだ」と知ることこそ、現代に生きる私たちにとっては非常に重要なのではないか──　私が「情報過多の時代」と表現した理由はそこにありました。

「裏がある」といえば、もっと広げて政治でも、選挙でも、取引でも、どんな世界でもありそうですよね。社会人だったら多かれ少なかれ、思い当たることがあるのではないでしょうか。私たち音楽の世界でも、例えば「ショパン・コンクール」について調べてみますと、おもしろい内幕話が出てきます。「ある出場者の判定をめぐって審査員の評が割れ、最後にジャンケンで順位をつけた」とか、「判定に不満の審査員が退場してしまった」という話。あるいは「表には絶対出ないけれど、じつはクラシック音楽界を牛耳る〝陰のマネジャー〟がいて、大物演奏家の去就には必ず彼が関係している」といった話。探してみれば、もっともっと出てきそうです。

まあ、そんなことから、「どのような現象も、角度を変えて眺めると別の面が見えてくる。裏も、あって当然なのだ」と弁《わきま》えておくのが〝大人の態度〟とされているようです。ちなみに、私自身は宣伝・広告されているものに飛びついたり、皆がやっていることを一緒にやったりするのは嫌いなタイプです。スマホは持っていませんし、携帯電話も会話するだけにしか利用していません。

クラシック音楽は今、どう受け入れられているか？

ずいぶんと変わってしまった音楽界

歳をとると、とかく懐古的になりがちですが、そんなとき実感するのは、「時間」ではないでしょうか。それまで生きてきた「時間の総量」が何となく頭に浮かび、「いろいろなことがあったなあ」「苦しい時もあったけれど何とかここまで来たな」という満足じみた感慨にとらわれます。でも、やがて現実に戻って「さて、これからをどうしようか」と考え始めると「残り時間」の少なさに気がついて愕然とします。「光陰矢のごとし」「人生は短く、芸術は長し」なんて言葉を思い出すのもこんなときです。

現役で同じ仕事を続けていく人はともかく、引退して暇があり余っているという人は、もしかしてこんなことを考えたことがありませんか？『もし、別の仕事や道を選んでいたら、どうなっただろう？』『あのとき、こうしていたら、別の人生が開けたかもしれない』という、実際にはそうしなかった仮定や空想……

私自身も時々そんな空想をして、「馬鹿ね、今さらそんなことを言ったって……」と妻に笑われています。長い時間を生きても、私たちが一生の間に味わい知ることができることは、じつに僅《わず》か。誰もが限られた体験しかできないまま、いつの間にか死と向かい合うことになる、と思われます。

そうなると、「職業や生き方は、いまさらどうにも変えようがない」としても、これまでまったく関心のなかった世界――例えば「趣味」など――について何かを見つけ、「今からでも、ちょっとやってみるか！」という人がいてもおかしくありませんね。実際、「遅ればせながらクラシック音楽に興味を持った」と言って私の店のドアを開ける人が、時々おられます。歴史やら楽器やら、作曲家やら作品やら、あれこれと雑談しながら、時にはもっとマクロ的に、音楽ビジネスや演奏家、聴衆の実態や変化について、話し込むこともあります。なにしろ私の若かった頃と比べると、ずいぶんと変わってしまったと思われることが、音楽界にもたくさんあるからです。

いくつか挙げてみますと、東京都内のことですが、演奏会の数が圧倒的に増えました。しかし実際に会場へ足を運んでみると、聴衆はほとんど中高年の人ばかり。若い人が多いのは管楽器の演奏会ぐらいでしょう。ならば〝常連の聴衆〟は古くからのマニア的ファンなのかと推察すると、そうでもなさそうです。開演ぎりぎりまで臨席同士が無関係な世間話をする光景が見られますし、アンコールをねだるしつこいほどの拍手、場違いとしか思えない「ブラヴォー」の掛け声――　いかにも素人といったお客さんが少なくありません。

音楽ホールではどこも、月に一、二回ほど、昼休みの短時間を利用した「ランチタイム・コンサート」の類《たぐい》を実施しているのですが、どれもがごく短時間とあって、近所のサラリーマンあたりが集まるのだろうと思っていると、とんでもない。どこから来るのか、びっくりするほどの人また人なのです。よく聞いてみると「無料だから来た」という人が多いのですね。それをきっかけに音楽ファンになってくれるといいのですけれど、一般の音楽会への聴衆動員には、どうもつながっていないようです。

近年の特徴としてもう一つ、楽器をやる人の数が、昔と比べて圧倒的に増えたことが挙げられます。皆さんも街なかで楽器ケースを抱えた人をよく見かけられるかと思いますが、カネも時間もかかるこの種の学習者が多いのは、それだけ生活が豊かになった証拠。その限りでは喜ばしいと言えるかも知れません。ただし、誰もが音楽大学などを出た後、演奏家として食べていけるかというと、それはほんのひと握りの人に限られます。なぜでしょうか？　供給（演奏家）が多い割に、需要（聴衆）が——前述のように中高年に限られ——少ないからです。そこそこに埋まっている客席も、多分、演奏家たちの身内・友人・知人という例が少なくありません。

そんなわけで、需要と供給のバランスをどうするかを考えなければならないところですが、そんなことにはお構いなく、演奏家たちはただ「聴いてほしい」の一念でせっせと音楽会を開いている——　これが現実です。

クラシック音楽との付き合い方が軽くなっている?!

以上ご紹介した音楽界の実態は、プロフェッショナルなオーケストラや団体についても、同じことが言えます。こちらは安定した聴衆を確保しようと、定期会員やスポンサー探しを熱心に行っていますが、状況はなかなか厳しいようです。

演奏家以外の音楽ビジネスとしてはレコード、出版、プロダクション運営などがありますが、こちらも同様の厳しさに直面していて、特にレコードと出版分野は厳しいようです。表面上、倒産などのニュースが伝わって来ないのは、驚くほどの規模縮小などで何とか生き続けているからです。

なぜ、こんなふうに変わってしまったのか、あらためてゆっくりと考えてみますと、パソコンや携帯電話が普及した結果、ゲームの延長のように「操作する楽しさ」を知ってしまった人々が、街なかを歩きながらでも、指先ひとつで何でもできる便利さ、気安さを謳歌しつつ生活スタイルをがらりと変えてしまったから。クラシック音楽の演奏会に足を運ぶより楽しいことが増え過ぎた背景があるからに違いありません。

音楽の聴き方にしても、昔のようにレコードを回して大きなスピーカーを使い、プレイヤーと向かい合って聴く——対話するように聴く——のではなく、ひと言の感想で終わってしまうような〝接触型〟の聴き方・付き合い方に変わってきたからでしょう。

そういえば、仕事（じつは拙稿を紡いでいる老店主、コンクールやオーディションの審査員を20年ほどやったことがあるのです）で知り合った音楽大学卒の若手演奏家たちを見ていて気づいたのですが、彼らは往年の名演奏家たちの録音（レコード）にあまり興味がなく、聴くことが少ないようですね。最近の傾向は、とかくテクニック一辺倒。あれこれの〈味わい（解釈）〉を忘れているように見えて仕方ありません。

数百年も生き残ったクラシック音楽が、今後ともなくなることはないでしょうし、夢中になるマニアも決して少なくないと承知しつつも、クラシック音楽との付き合い方が何となく濃密でなく、軽いものになってきている気がするのは、名曲喫茶「ショパン」老店主の偏見でしょうか。

好きになると、ここまでやる！

〝現代のベートーヴェン〟が巻き起こした狂騒の一幕

音楽界の話題で、先年ちょっと注目を集めたのはあの事件——聴覚を失った作曲家が書いた「HIROSHIMA」と題する交響曲のCDが、ポピュラーを含むヒットチャートの上位にランクされ、作曲家ともども大ブレークした件——ですが、覚えておられますか？

曲は3楽章から成り、それぞれ約20分・35分・27分という、比較的長くて悲しみの気分に満ちています。原爆で犠牲になった人々を追悼するという意図からこれは当然で、世上は「よく書けている」と好評でした（私の個人的な感想を言えば〝ブルックナーの交響曲の短調版〟といった感じ。同じような曲想になっていて、単調な気がしました）。耳が聞こえないまま、絶対音感を頼りに〈心のうちで書き進めた〉というのですから、その苦労は大変だったろうと誰もが同情し、ジャーナリズムは〝現代のベートーヴェン〟と讃えたほどでした。

ところが、まもなく事態は急展開！「あれを書いたのは、私だ」という別の人物が現われたのです。「佐村河内なる〝作曲家〟は、単に私に依頼してきただけ。私はカネのためにアルバイトとして書いた。あの曲だけでなく、他の作品もすべて私が作曲したものだ」と告白したのです。ブレイク後テレビに出てきた依頼者の方は、顔を覆うような長い髪とサングラス、杖を頼りに歩いて見せ、いかにも隠世した仙人のような風貌でしたから、現代のベートーヴェンとしてもち上げるには、イメージ的にぴったりでした。それに比べると、本物の作曲者の方は、いかにもおとなしくて人のよさそうな顔立ちです。しかし真実は、この人の言うとおりでした。依頼者はぷっつりと姿を消し、真の作曲者は、「謝礼をどのくらい受け取った」とか、「なぜ告白する気になったか」などを、テレビなどで詳しく暴露しました。

世間を驚かせるには十分なインパクトでしたが、じつはこのような〝事件〟は珍しくもないのです。歌謡曲の世界では、過去にもいくつか盗作問題の例があり、クラシック音楽界でも、弟子に書かせた原稿を自分の本にしてしまう評論家がいました。〝現代版ベートーヴェン〟事件も、作曲では食べていけない作曲家が、「わずかでもカネになるのならゴーストライターを引き受けてもよい」と了解して、次々と作品を提供してきたもの。しかしテレビで取りあげられて話題となり、依頼者が作曲者として有名になるのを見たら我慢できなくなり、『この辺で真実を！』となったのでしょうね。

その後、依頼者の方も「真実を話す」と言ってテレビに登場しましたが、この時の姿に、またまたびっくり！　さっぱりとした背広姿に着替えた、別人とも思えるサラリーマンの風貌だったのです。その姿を見て私は思いましたね、『彼はじつのところ頭のいい演出家であり、その道に進んでいたら劇団長か宣伝マンとして成功していたに違いない。いや、今からでも出直せるはずだ』と。

さらにまた、この事件で分かったことは、現代作曲家が意外に貧しいこと。またマスコミ（特にテレビ）の力が大きいこと、人気というものはマスコミによって何とでもなりそうなことに気づかされました。そしてまた、そのマスコミらも間違いを犯すこと、それでも人々は騙され流されやすいことなどが明るみに出たのです。

〝あっぱれなマニア〟の違法行為

ただ、仮に名声や金銭欲につられたのだとしても、別の角度から考えてみると、『当事者らはやはり音楽が好きなのだ、好きだからやってしまったのだ』、と思えなくもありません。好きだから（たとえいけないこと、迷惑をかけること、後になって後悔するようなことでも）やる！　それが人間の業《ごう》であり、誰の中にもある本質ではないか――と考え至ったところで、思い出しました。そう、以前にも似たような事件があったことを。

同じ日本での話です。確か、１９８１（昭和56）年暮れのことでした。新聞でも報道されましたからご記憶の向きもあるかと思いますが、熱烈なクラシック・マニアの西迫某なる男性。『作曲を完成させたとして、書き上げた〝作品〟の「管弦楽組曲（聖女）」を公表した上、『天下の大オーケストラを使って指揮してみたい』との願望やみがたく、その演奏会のための資金など１４００万円を印刷業者などから詐取、実際に日本フィルハーモニー交響楽団の演奏会で、小林研一郎氏に伍して堂々と指揮してしまったのです。

それればかりではありません。パンフレットでは自作について「現代感覚あふれる、ふくらみのある冴えた音が魅力。クラシックの難解な雰囲気を超克した、見事なまでの独特の躍動感」と、聞いたこともない音楽評論家に絶賛させていましたが、これはどうやら本人が書いたもののようでした。評論家からは「幼稚！」と批判されたものの、聴衆には好評だったそうで、その後どうなったかは知りませんが、マニアぶりもここまでくると「あっぱれ！」というしかありません。

サギ師の話が出たついでに、クラシック音楽にまつわる泥棒の話をご紹介しましょうか。こちらはちょっと古く、大田黒元雄氏（音楽評論家・故人）が紹介されたエピソードです。アメリカはテネシー州の刑務所にフランク・グランドスタッフという中年の男が服役していました。彼はケチなコソ泥にすぎなかったのですが、20を超える前科があったため終身刑を言い渡され、既に十年余りも刑務所の中にいました。

ところが、もともと才能があったのか、それともよほど暇だったのか、フランク受刑者は服役中に作曲をするようになり、いくつかの作品をものしたそうです。ある時、テキサス州のビッグ・スプリングという町が百年目の記念祭をすることを知ると、これを祝うカンタータを書こうと決意。『ビッグ・スプリング』という本の中身をヒントとして歌詞を創り、楽器もなしに、何と70頁にも及ぶカンタータを書きあげてしまったのです。そのことを知ったビッグ・スプリングの人たちは「百年祭」の期間中、彼を来賓として招待することを計画し、テネシー州知事の許可を取りました。

かくして囚人服から背広に着替えたフランクは、出迎えたアール・フィリップス（フランクが作詞の参考にした本の著者）、監視役のシェリフ（刑務官）らとともに飛行機でビッグ・スプリングへ。そして60日間、手錠も看守の目もない環境下で、正賓として悠々とホテル暮らしを味わうとともに、自作の発表会に臨み28人のコーラス隊が歌うのを、満員の会場最前列で聴いたのです。演奏終了後、大喝采の聴衆に挨拶をした彼は、サイン攻めにあいながら「じつに嬉しい。思ったとおりに聞こえたよ」と感想を述べたとか。そして60日間の自由を満喫した後、再びテネシー州の刑務所へ戻されていったそうです。

音楽で食べていくのは大変だ！

クラシック音楽が生活基盤の人と職種

ひと口に「音楽」と言っても、拙稿が指すのはクラシック音楽のことです。ヴィヴァルディ、バッハを筆頭に、モーツァルトやベートーヴェン、シューベルトら多くの作曲家が書き残した膨大な作品のことですが、これを扱う音楽関係者を取り巻く環境が今どうなっているか、主として〝音楽で食べていく〟という経済的な視点から考えてみようと思います。といっても私などにすべてが分かるわけはなく、狭い体験から、勝手に推測するだけです。「それは違うよ」と言う人がいるかもしれませんが、あくまでも見方の一つとご理解ください。

さて、クラシックで食べている——というと、皆さんはどんな人を思い浮かべますか？ まず作曲家、それから演奏家、学校の先生、レコード会社や音楽出版社の社員、内外の演奏家によるコンサートを企画・実行するプロダクションで働く人、音楽ホールの関係者、楽器メーカーのひと、関係するデザイン・印刷会社の人、音楽評論家などが思い浮かぶでしょうね。

それらのうち一部の分野はクラシック音楽だけを扱うわけではないので省いてもいいとして、ここでは直接的に音楽に関係する「作曲家」と「演奏家」について考えてみます。複雑な（あるいは難しい）楽譜をいじるわけですから、当然、専門の音楽大学を出ている人が多いと思われますが、音大の授業料は一般の大学の約2倍と言われています。いくら好きでも、これは大変ですよね。そんなところから、多くの音大生は金持ちの家庭の子女らしい、と見当がつきます。

さて、問題は卒業後です。作曲技術なり演奏技術なり、私たち一般人とは違う特別なスキルを身に付けたわけですから、生きていく方向も、それを活かせる作曲家や演奏家が最適であることは確かですが、意外にもこれが大変に厳しいのです。というのは、作曲家の場合には「今さらモーツァルトやベートーヴェンのような曲は書けない」という基本認識があり、とりあえずは身近な先輩たちの作品を超えたものを書こうとする気持が強いからです。そして歴史を振り返れば、大抵のことはやられてしまっているので、結果的には難解な、私たちには親しみ難い作品が多く生まれ、発表しても楽譜・ＣＤともなかなか売れない、と言うことになります。したがってこの世界で食べていくには、音楽大学で作曲の先生をやるか、必ずしも意に沿わないテレビやＣＭの仕事をやるか、ゴーストライターの仕事を受けるか――とまあ、そんな厳しさに直面しているのが現実です。

一方、演奏家の方はどうかというと、これは専攻する楽器によって差があるようです。最も多いのはピアノですが、独立した演奏家として食べていけるのは、内外のコンクールで上位入賞を果たしたような一部の人だけ。大半の人々にとっては、ときどき開くリサイタルや各種のアルバイト――地域のイヴェント、ブライダル、行事、ビアホール、ピアノ・レッスン、テレビ、ラジオなど――の収入が、主な収入源になっているといってよいでしょう。アルバイトも、安定して仕事のある場合はいいのですが、聞くところによると、結構不安定で安いギャラの所が多いとか。私の好きだった有名ビアホールなどは、売り物だったナマ演奏を不況の煽《あお》りで止《や》めてしまったことがありました。演奏家の環境は不安定で厳しいものです。ヴァイオリン、ヴィオラ、チェロなどの弦楽器は、やはり一部のコンクール入賞者がソリストとして安定した暮らしにつないでいますが、ピアノと違いこちらは、「内外のオーケストラに入る」という道がありまず。団員として雇われれば、一応の給料が保証されるわけで、決して高いとは言えないものの、安心して演奏に没頭できる日常が約束されます。現状は知りませんが、数年前の発表では、オーケストラにより３００万円台から７００万円台の年収だとか。ずいぶん差があるものですね。

一つひとつの楽器を検証するわけにはいかないので、あとはご想像にお任せしますが、管楽器や打楽器などはやはりオーケストラに入る道、あるいは一部のピアニストやヴァイオリニストと同様、学校の先生になる道があるようです。気になるのは、パイプオルガンとかオンド・マルトノといった特殊な楽器をやる人です。そう、どこにでもある楽器ではありませんからね。練習する場も仕事につなげる先も極めて限られてしまいそうです。同じ鍵盤楽器ということで、ピアノの仕事などをやっているのかもしれません。

苛烈な競争時代に思い浮かぶこれだけの疑問

音楽家たちが何を生活基盤にしているか、右のように考えてみましたが、どの方向に進んだ人も、実際には簡単にそれに就いたわけではなく、私たちの知らないところで大いに苦労したのだろうと思います。

例えば、外国の有名コンクールに入賞するにしても、留学し、言葉の壁にぶつかりながら、厳しいレッスンに耐えなければなりません。ときには体調を崩し、うまくいかずに挫折しそうになる危機もあるでしょう。それを乗り越えて、厳しい競争に打ち勝った——そんな人が少なくないでしょうし、世界に100以上もあるコンクールの一つに入賞したからと言って、それで安定した演奏家の道が開けるわけでもありません。むしろそれ以降の苦労で音楽界への道を拓《ひら》いた、という人も多いでしょう。

道が開けても今度は、それを維持する、安定させるという努力が求められる——ということで、やはり食べていくのは大変！　でも、世界的な存在になった人物——小沢征爾さんや小林研一郎さん、内田光子さん、佐渡裕さんなど——も、そうした努力をして成功したに違いありません。

〈クラシック音楽で食べていく！〉の今後について考えてみましょう。カネがあり、海外のコンクールやオーケストラを目指す人はともかく、国内でやっていく人にとって、状況は今よりもさらに厳しくなることは、十分予想されますね。なぜって、豊かさを背景に音楽大学へ進む人、楽器をやる人の数がさらに増えそうだからです。

優秀な人が出てくれば、オーケストラも当然、団員入れ替えをやるでしょう。今まで在籍していた人は、退団後を考えねばなりません。多分、生徒を教えるレッスンを始めるでしょうが、音大卒業資格を使って生徒に教えるという人は、各楽器とも間違いなく増えそうです。合間には仲間とともにリサイタルも開きたいでしょうから、サロン・コンサートのようなものも増えることになります。

世間的には、音楽人間が増えることによって平和、かつ豊かな社会状況が拡がりそうですが、音楽人間にとっては〈競争が進み、食べていくのがますます難しい時代〉がやってくるということに他なりません。

では、どうするか。ここからが知恵の出しどころです。まず、これまでの考え方をちょっと広げて、音楽や自分を取り囲む状況を、演奏家の視座から思いつくまま、マクロ的に眺めてみましょうか。

――クラシック音楽に興味を持つ人が5％以下と言われるほど少ない現状下で、多くの人々が「一日の娯楽」として夢中になっているものは何か。わずかでも「音楽」を挙げる人がいるとして、それではその中心になっているのは若い世代か、それとも高齢者か。テレビ番組の中に音楽番組はどのくらいあって、その数は多いと言えるのか。

コンサートは一晩にどのくらい開かれているか。何の楽器の演奏会が多いのか。お客さんにはどんな人が多いか（＝演奏家の身内か、マニア的な人か）。どんなプログラムが多いか。知名度のある曲は多いのか。ユニークな演出の会があるか、ないか。音楽雑誌・音楽書頒布の実情はどうなっているのか。演奏家の好む曲と一般のクラシック・ファンの好む曲にズレがあるか、ないか。

ベテランと言われる人は、どこが自分と違うか。彼らはマスコミとの付き合いをしているか、いないか。自分は固定ファンの確保に何か努力をしているか。そのことは他人が考えない独自なものか。リサイタルの企画はその都度考えているのか、それとも1年単位・2年単位といった長期的なものか。演奏家としての自分の個性は何かをはっきりと説明できるか。いいパートナーはいるか――

とまあ、思いつくままに〝要チェック・ポイント〟を挙げてみましたが、これらを通して私が言いたいのは「何事も、増えれば競争になる。生き残るためには、他人と違うことを考え、実行して突破することだ」の一点です。それを既に実行している若い演奏家を、私は幾人か知っています。

コンサートを成功させる秘訣

クラシック音楽ファンの少なさは希望のしるし！

前項とも関連しますが、豊かになった時代を反映してか、最近は特に、楽器をやる人が多くなったようです。町中でも電車の中でも楽器ケースを抱えた人を多く見かけます。音楽大学へ行ったり、専門の先生に習っているのでしょうね。そして卒業したり自信が付いたりすると今度は、聴いてもらおうと、コンサートやリサイタルを計画する人が増えました。皆がやりたがるから、音楽会は飽和状態です。でも、行ってみると満員の会は少なく、演奏家たちは聴いてくれる人を集めるのに苦労しています。需要と供給のバランスが悪いのです――と、ここまでは既に書きました。当事者となる演奏家が、あなたのご家族やお身内の中におられるかもしれません。

音楽が広く世の中に溢れることはいいことですから、バランスからいえば〝聴く人〟を増やせばいいわけですが、クラシック音楽の場合、音楽愛好者全体の5％以下などと言われています。つまり音楽を愛する層のほとんどが演歌・歌謡曲派。まあ、情緒重視の日本人ですから、それも仕方ないといえばそのとおりです。

でも、95％の人たちがまだクラッシック音楽に関心を持たず、コンサートへも行っていないとすると、これはクラシック音楽界にとって希望が持てる数字とも言えます、ほとんど未開拓の分野なのですから！

ならば、具体的にどうしたらファンを増やせるかを、〈演奏家とコンサート〉という視点から考えてみようではありませんか。

コンサートを開こうと思い立ったらまず、しかるべき会場を借り、自ら考えたプログラム（曲目）を用意し、聴きにくる人に向けてパンフレットやポスターを作ってPRします。曲目に関しては著作権や楽譜、編曲などの問題が発生するので、これをクリアしなければなりません。

演奏会当日は、会場担当者や受付との打ち合わせや来客への対応、コスチュームの手配、その他の雑用――と、大ざっぱにこんなことが必要となります。最近は〈それらを、仲介するプロダクションなどに委託し、自分はひたすら曲目の練習に専念する〉という人も少なくありませんが、それにはカネがかかります。それればかりでなく、少なくない数のチケットを引き受けなければならない「チケット・ノルマ」が、大きくのしかかってきます。その演奏家のお父さん・お母さんならそれでも、「我が子の晴れ舞台だから」と、面倒をみるのが多くの若手音楽家の実情でしょう。

そして当日、美しく着飾った演奏家が無事に演奏を終えると、お父さん・お母さんを中心とした友人・知人たちによる、割れるような拍手！「ブラヴォー」の声がいつまでも続き、何曲かのアンコール、そして終了――ということになります。

諦めずに、創意と工夫でファンを増やす

どんなやり方で開くにせよ、必要最低限の費用を覚悟しなければなりませんが、コンサートが成功した

かしなかったかの判断基準は、費用を上回る収入があったかどうか、それも出来るだけ多く……　それには知り合いの人だけでなく、それ以外の人がどれだけ来てくれたか、一般の人へのアピール度の高さがモノを言います。例えば世界的なコンクールで優勝した人とか、既に知名度のあるベテランの場合は、黙っていてもかなりのお客さんが来てくれますが、学校を卒業したばかりの新人には、そのような幸運は滅多にないでしょう。

そこで、どうするか――　諦めずにあれこれと考えるしかありません。その方法を、私なりに提案してみましょう。

まず基本的に忘れてならないのは、演奏者と聴衆、この両者がいて成り立つのがコンサートだということです。もちろん仕掛けるのは演奏家の側ですから、まずは演奏家自身が、お金を払って来てくれる聴衆のことをどれだけ考えるかが大きなポイントとなります。一方、聴衆側としては「何でもいいからナマのコンサートへ行きたい」という人もネット上にはいますが、総体的には〈「知っている曲」「よく聴く曲」「ポピュラーな曲」をやってほしい〉というプログラムへの願望が大きなモチベーションとなっているようです。そして聴き手が「来てよかった」と思えるような演出やサービスを望む人も多いでしょう。

仕事柄、これまでいろいろなコンサートへ行きましたが、『演奏者と聴衆の間にはまだまだ大きな開きがある』というのが私の実感です。夏休みの頃、子どもたちを相手にしたコンサートなどには、演奏者の方から歩み寄った「分かり易く楽しいプログラム」のコンサートが増えますが、平常は「演奏者がやりたい曲、先生のもとで練習した曲」――要するに、客の希望する曲によらないプログラム――が圧倒的に多く、「曲も演奏もよく分からないが、よかった」という曖昧な満足感しか得られないまま家路につく人が多いのではないでしょうか。

それもコンサートの魅力だ、と言われればそうかもしれませんが、その曲にどんな特色があり、どんなときに書かれたかといった、背景や作曲家の想いについてまで知った上で、〈だからこんな風に演奏されるのがふさわしいのではないか〉と想像する楽しみは大きいものです。今日の演奏はこんな風だったが、他の演奏家はどんな風に演奏しているのか知りたいと思い、比べたくなる――それが「好きになる」ということでしょう。黙っていてもそれができるのが「知っている曲」「ポピュラーな曲」なのだと思います。

そんなことを知ってか知らずか、最近、「無名の演奏家としては、まず多くの人が知っている曲で、プログラムを組んだ方がよい」「ファンが増えたら、徐々に自分のやりたい曲を増やす」「聴衆が知らないと思う曲を取り上げるときは、ナレーションを付けるなどの〝案内〟が必要」と考える演奏家が多くなったようで、現にそうする演奏会が徐々に増えてきました。

が、老婆心から一言するなら、「プログラムの組み方」では「他人と同じ発想をしないこと」を心掛けてほしいと思います。「ポピュラーな曲を並べる」としても、皆がただ知名度のある曲を並べることにこだわるなら、同じようなプログラムが溢れることになります。楽器によっては、いつも限られた曲目だけになるでしょう。それでは個性がなく、演奏の上手・下手だけが比較されて終わることになりかねません。

そこで、ちょっと頭を働かせます。つまりその楽器のためのオリジナル曲だけでなく、歌曲その他からの編曲ものも含めて、できるだけレパートリーを増やすのです。十分集まったと判断できたら、次には、それらをいろいろなテーマに従って自由に組み合わせてみます。季節、自然、動物、山、海、森、川、水、男と女、贈り物、喜び、悲しみ、愛、結婚、旅――　どんな形でもプログラムを組むことができます。これなら〝誰もがやる〟とは思えませんが、いかがでしょうか。

プログラムが決まったら、ポスターやチラシの作り方にも、他人がやりそうもない工夫がほしいところです。その場合、演奏を聴く側の心理や、目の行く順序などを想像してみる必要があります。演奏者が痩身のイケメンなら、写真やイラストを使って顔やスタイルを表に出す。ユニークなプログラムを組んだ自信があるなら、それを目立つようにする。活字の大きさや色彩は特に重要となります。この点に関しては、10年以上も通信販売の仕事をした経験から、私にも言いたいことがたくさんあります。実際に私の主張に興味をもった若い演奏家と組み、〈おやっ！　と驚く珍曲を集めて『名曲喫茶のクラシック』といった趣向の演奏会〉をやったことがありますし、『今さら他人には聞けないクラシック』と銘打った愉快なCDを作ったこともあります。

プログラムやチラシの準備が終わったら、コンサート当日の演出にも、他の演奏者とは異なる工夫をしてみたいものです。もう20年以上も前になりますが、編曲家の前田憲男さんが東京フィルハーモニーと組んだ「東フィル・ポップス」というのを手伝いました。入口で小型のハーモニカを渡す、カスタネットを渡す、酒造会社と組んでワインやジュースを出す、ハンドベルやタイプライターを使う、カラー光線を場内でビュンビュン飛ばす――と、さまざまな遊びをやりたい放題！　二晩とも超満員の人気だったことを思い出します。こういう演出なら、まだまだいくらでも考えられそうです。

以上、外見的なことばかり挙げたてましたが、最後に、肝心の演奏についてもひと言。演奏そのものにも、他の演奏者とはひと味違う独自色を見せる工夫ができなくもありません。その工夫をしたいなら、前提として、過去に〈演奏の大家〉として一世を風靡《ふうび》した人たちの演奏を、一度はじっくり聴いてみること。これをお奨めします。私の知るところ、若い演奏家さんはあまり聴いておられないようです。大家のマネをしろとは言いませんが、作品の解釈は演奏家によってそれこそいろいろ。個性とは何かを考えることによって、テクニックだけではない〈演奏の魅力〉を体現できるだろうと思います。現在のところ、テクニックだけが目立つ演奏家が多いような気がしてなりません。

第二楽章

クラシック音楽「作曲家」と「作品」たち

Op.1　名にし負う作曲家の意外な素顔

超有名ながら風変わりな作曲家といえば

あの作曲名人はピアノが弾けなかった！

クラシック音楽の作曲家というと、あなたはどんな名前を思い浮かべますか？　ベートーヴェン、モーツァルト、シューベルト、ショパン、チャイコフスキーあたりの名なら、普段クラシック音楽にそれほど関心のない方でも出すことができそうですね。

では、それらの作曲家の人物像――どんな人間だったのか――を教えて！　と尋ねられたら、どうでしょうか。「そりゃ、世界的に名のある作曲家なのだから『偉大な人物』『天才』だったんだろうよ」「私たちとは比べものにならない〝別世界の人間〟に違いない」なんて答えが出てきそうです。

しかし、古典音楽と永く付き合ってきたせいか、私の答えはちょっと違います。それらの人物が創り上げた作品のすばらしさは文句なしに評価し尊敬しますが、伝記などを読むと、人間的に〝イヤなヤツ〟はじめ、〝ひどいヤツ〟〝ずるいヤツ〟など、マイナスイメージのつきまとう作曲家も、結構いるのです。おこがましい言い方をするなら私は、『結局、私たちの社会とそれほど変わらない、人間臭い世界の住人じゃないのかな』と思っています。

作品とは裏腹のそうした面を知った私が、その作曲家に幻滅したかというと、そうではありません。〈同じ肉体を持ち、似たような生活を送り、喜んだり悲しんだり、悩んだり苦しんだりした人間が、しかし音楽だけは後世の私たちを感動させる、すばらしい作品を書いた〉のであり、私はそこに親近感を覚え、「すごいなあ」と惹かれるのです。

ここまでいうと、「ではそのイヤなヤツ、マイナスイメージの作曲家って、いったい誰？」という質問が出そうですね。そう、マジメな面とは別の〈ちょっと風変わりな点で忘れられない作曲家〉たちを、思いつくままに何人かご紹介してみましょうか。こんな角度からクラシック音楽に近づくのも一興、と思われます。

ピアノが弾けなかった作曲家――「えっ！　それでも作曲ができたの？」と不思議ですが、該当するのは「幻想交響曲」で知られるエクトール・ベルリオーズ（１８０３－69／フランス）、リヒアルト・ワーグナー（１８１３－83／ドイツ）、ゲオルク・フィリップ・テレマン（１６８１－１７６７／ドイツ）の３人。医者の息子だったベルリオーズが得意だったのは、フラジオレット（フルートの一種）でした。ピアノは和音を確かめる程度にしか使わなかったそうです。一方、ワーグナーとテレマンのピアノは自己流の弾き方。正式な勉強をしなかったため、プロ的な弾き方はできなかったということです。

人生の前半でボロ稼ぎし、後半生は美食に明け暮れた作曲家――　「セビーリヤの理髪師」「ウイリアム・テル」といった歌劇で知られるイタリアの作曲家、ジョアッキーノ・ロッシーニ（１７９２－１８６８）のことです。76年間の生涯で39作の歌劇を書きましたが、37歳のとき（１８２９年）に発表した「ウイリアム・テル」を最後に、ぷっつりと筆を断ちました。その後はパリに住み、莫大な資産をもとに〝美酒・美食・美女に囲まれた贅沢三昧の日々〟を送ったのです。特に、食通として「トルヌドゥ・ロッシーニ」というステーキに名を残したことは有名です。

政治家になった作曲家――　別項でも触れましたが、最も有名なのは、ポーランドの初代首相になったイグナツ・ヤン・パデレフスキ（１８６０－１９４１）です。第一次世界大戦後、ロシアの支配から独立して共和国となったとき、それまでの愛国的な演奏活動と高潔な人格が愛されて首相に選ばれました。第二次大戦中、ポーランドがフランス国内に亡命政府をつくったときにも再び首相に選ばれ、在任中にニューヨークで亡くなりました。

彼の他にも、ジュゼッペ・ヴェルディ（１８２０－78／イタリア）や、アントニン・ドヴォルザーク（１８４１－１９０４／チェコ）らが政治家になっています。ただ、この2人の場合は〝名誉職〟、といった色彩が濃かったようです。

変わった題名の曲ばかり書いた作曲家――　例えば「梨の形をした3つの小品」「犬のためのぶよぶよとした前奏曲」「干からびた胎児」「3つの嫌な気どり屋のワルツ」「不快な見積もり」「誰にでも向く会話」「官僚的なソナチネ」「猿の王の夢を覚まさせるための鐘」――といった題名の曲を書いたのは、フランス近代のエリック・サティ（１８６６－１９２５）という作曲家。パリ音楽院に入学したものの、アカデミックな気風に嫌気がさして退学。カフェなどでピアノ弾きのアルバイトをしながら、架空の宗教団体を創ったり学士院会員に立候補したり、貧民街の福祉活動をしたりと、奇行に満ちた生活を送りながら、さきのような作品を次々と書きました。要するに〈反骨の人〉だったわけですが、音楽の方はいたって真面目。ムダのない簡潔な響きを持っていて、聴き易い曲揃いです。後にはドビュッシー、ミヨー、プーランク（フランス６人組）らのように、エリック・サティを支持する作曲家たちもたくさん生まれました。

自分が書いた作品に、他人の名前をつけて発表した作曲家――　名ヴァイオリニストとして知られるフリッツ・クライスラー（１８７５－１９６２／オーストリア→アメリカ）がその人です。作曲家としては、「美しきロスマリン」「愛の喜び」「ウイーン奇想曲」といったヴァイオリンの小品で有名ですが、彼はそれらの多くに古い時代の埋もれた作曲家の名前を付け、「自分はその作品の発見者であり、編曲しただけだ」と言って発表したのです。60歳の誕生日に「すべて自作だった」と告白して周囲を驚かせました。作者名を他人の名前にした理由は、「若造が、生意気だ」と言われるのを気に病んだから、だそうです。

暗殺された作曲家――　穏やかでない話が続きます。音楽史の世界には右のように「殺人した作曲家」がいる一方、暗殺された作曲家もいるのです。一人はフランスの作曲家、ジャン・マリー・ルクレール（１６９７－１７６４）、もう一人はイタリアの作曲家、アレッサンドロ・ストラデルラ（１６４４－82）です。ルクレールは、あのＪ・Ｓ・バッハと同じ頃、イタリア帰りのヴァイオリニストとして活躍し、協奏曲やソナタを数多く書きましたが、67歳の１７６４年10月22日、自宅の階段で何者かに襲われ殺されてしまいました。

詳しい原因などは、事典などにも出ていません。

一方、ストラデルラは、ナポリ派オペラの先駆者といわれる人。オラトリオや器楽曲などもたくさん書きましたが、一般にはマドリガル、モテットといった声楽曲で知られています。この人はハンサムで女性にモテたため、後見人のいる美人歌手オルテンシアと愛し合い駆け落ちをしたところ、後見人の雇った刺客にしつこく狙われ、ついには彼女ともども刺し殺されてしまったのです。（その経緯は別著で詳しくご紹介しています）。

その他、本名が別にある作曲家（マルティーニ、オッフェンバック）とか、人生の三分の一を旅に費やした作曲家（モーツァルト）、ノイローゼになった作曲家（ラフマニノフ）、〝けちんぼ〟として知られていた作曲家（ベートーヴェン、パガニーニ）、転業した作曲家（クレメンティ、ディアベリ）、アマチュアだった作曲家（アイヴズ、カーペンター、シャブリエ）、クラシックとポピュラーの中間的な作品を書いた作曲家（アンダーソンほか）、危うく殺人罪を犯すところだった作曲家（ベルリオーズ）、ギャンブル好きだった作曲家（パガニーニ、チャイコフスキー）、鉄道マニアの作曲家（ドヴォルザーク）、女性の敵といわれた作曲家（ドビュッシー）――などなど、〈風変わり〉とされる作曲家は、十指に余ります。案外、私たちの世界と同じだったんですね……。

大作曲家たちの顔と表情

格別「顔相学《がんそうがく》」に興味があるわけではありませんが、客商売の喫茶店をやっていると、日々、いろいろな顔に出会い、その方への応対から学ぶことがたくさんあります。ご注文を受けたときの最初のひと言から、「この方は品がある、相当の教養を身に付けた人物だな」とか、明るい笑顔から「陽気な人に違いない」、怒ったような表情から「嫌なことがあったのだ」と拝察たることもあります。蘊蓄を語り出すひと言めで「よく喋る人だぞ」とすぐに分かるなど、老店主の直感がすべて当たるとはいえないまでも、お客さんの目は口ほどに何とやら、結構読み取れるものです。

名曲喫茶の店内にあれこれとクラシックの名曲を流していると、私の脳裏には、それを書いた作曲家たちの顔が浮かんでくることも、よくあります。と言っても、思い浮かぶのは当然ながら、ごく有名な、書物に載るくらいの人物の場合。古い時代（バロックからロマン派初期ぐらいまで）の作曲家の顔はスケッチ画で、またカメラが発明された19世紀半ば以降の作曲家の場合は写真で、私の脳裏に現われます。それらも、同じ年代に書かれたり写されたりしたものとは限りませんから、年齢はバラバラ。〈それぞれの作曲家の〝ある時点〟の姿〉でしかありません。とはいえ、ないよりはマシで、作曲家の人物像を探るには貴重な資料と言えるでしょう。

作品もさりながら、人物像に興味のあった私は、あるとき、それらの顔を集めた一覧表のようなものを作ったことがあります。並列的に並べた彼らの顔を眺めてみると、これがまたいろいろな想像を掻《か》き立てて、じつに面白いのです。

駆け落ち経験多数、嫉妬を買って?!　暗殺されたイケメン作曲家

例えばJ・S・バッハやヘンデル、クープランといったバロック時代の人たちは、皆カツラをかぶっています（これはある皇帝が禿頭を隠すためにかぶったのに倣《なら》ったものだとか）が、目を見ると「理知的」「外向的」「温厚」など区別ができ、作品の特徴と繋がっているような気がします。ベートーヴェンは、有名なシュティーラーの肖像画から、いかにも意志の強い男であることが分かります。なんたって、口を「へ」の字に結んでいますものね。いや、〝「へ」の字に結んだ口〟といえば、バッハやラヴェル、シベリウス、バルトークあたりも、似た口元をしています。彼らの作品には、どこか理知的な、緊張感を秘めた部分が少なくありませんから、どちらかというと集中型・凝り性の作曲家なのかもしれません。

それに対し、ショパンやリスト、シューマンらの顔はハンサム型、当世風に言うならイケメン。いかにも女性にモテそうな点で共通しています。顔立ちだけに絞るなら、後世のフォスター（アメリカ／歌曲で有名）や、バロック時代のストラデルラ（イタリア）らも加えるべきでしょう。

いつだったか、音楽好きな仲間が集まって、「作曲家の中で、一番のイケメンは誰だろう?」と話し合ったとき、私は「フォスターが一番。リスト、ショパン、ブラームスらがそれに次ぐ」と主張したことがあります。今あらためて考えてみますと、歌手の尾崎紀世彦さんに似た若い頃のブラームスなどは、かなり

の人がイケメンであることを認めるかもしれません。また、肖像画がないのですがストラデルラは、伝記などから推察してかなりの美形であったと思われます。なにしろ多くの女性と駆け落ちし、あちこちと逃げ廻った末に、恋人ともども暗殺されてしまったと伝えられているくらいですから。お相手の女性陣もまたかなりの美人揃いだったと言われますから、よほど強い嫉妬を買ったものと想像できるではありませんか。

校長や学者タイプもいれば、趣味人や他人の空似タイプまでいて

チャイコフスキー、サン＝サーンス、フォーレ、スメタナはいずれも、立派な髭と貫録のある表情から〝校長先生〟のタイプ。実際に教師として活躍した時代があるようです。同じタイプにはフランク、ベルリオーズ、ビゼー、ラヴェル、ブルックナー、バルトーク、シャブリエ、アルベニス、グノー、ラロなども含まれるでしょうね。

先生よりは〝学者タイプ〟といった方が似つかわしいのはグリーク、マーラー、グラズノフ、ボロディン、マスネー、ラフマニノフ、シベリウス、ダンディー、バラキレフ、リムスキー＝コルサコフ、ストラヴィンスキー、メシアン、ショスタコーヴィチ、ヒンデミット、ハチヤトゥリアン、リヒアルト・シュトラウス――といった作曲家たち。いずれも私が抱く勝手な印象です。

ロッシーニの大きくふくよかな顔は、食通としても名を残した彼らしい生き方を示すものでしょう。さらに、大きな目と髭、禿げた頭が特徴のドヴォルザークの顔には、音楽家というよりは、実直な農業者の趣があります。

ムソルグスキーは、アルコール中毒に罹《かか》った後のうつろな目をした写真で有名ですが、若い頃は、きりっとした、なかなかの美形だったようです。そのあたりは、別の写真を見たことのある人なら異論がないでしょう。

そのほか、おしゃれな写真を数多く残しているドビュッシーの顔などは、そのまま印象派の絵画になると言えそうです。また音楽界で成功して次々と車を買い替えたり、船団を組めるほどのモーター・ボードを集めたというプッチーニの、寛《くつろ》いだ顔写真は、夏目漱石にそっくりです。

他人に似ていると言えば、作曲家同士の顔を比べたとき「似ているなあ〟」と思わせる人物がいることです。例えばギョロ目と禿げあがった顔に気を取られるとうっかり間違えそうな、リヒアルト・シュトラウスとストラヴィンスキー。同じく坊主頭と鋭い目つきのシベリウスとヒンデミット。真っ白な顎鬚《あごひげ》と知性的な表情がそっくりな、チャイコフスキーとサン＝サーンス。ハンサム同士のシューマンとフォスター。長い鼻とおっとりした顔立ちが特徴の、ウエーバーとメンデルスゾーン——　これらの〝取り合わせ〟は、手近に音楽書をお持ちの方なら、すぐに「なるほど〟」と肯いていただけそうです。

この〝似ている、だからぜひ知っておいてほしい〟という切り口で語るとき、どうしても触れておかなければならない人物が2人いる、と言ったら、誰と誰だかお分かりでしょうか？　じつは、そのうち1人は、かのベートーヴェン。そしてもう1人はアントン・ルビンシテイン（1829‐94／ロシア）なのです。

ベートーヴェンについては、よく知られた肖像画もあれこれとあるので、見当がつくかと思われますが、1823年頃にワルトミューラーという画家がブライトコップ社の依頼で描いた「晩年のベートーヴェン」

と、ピアニストとして成功した頃のルビンシテインの写真を比べてみると、まさに瓜二つ！　広い顔と濃い睫毛《まつげ》、鋭い目つき、きりっとしまった口元、がっしりとした太い首など、まるで「同一人物の別アングル」と言われても分からないほどよく似ているのです。

このA・ルビンシテインは、弟のニコライとともに19世紀後半のロシア音楽界を盛りあげた大ヴィルトゥオーゾ・ピアニスト兼作曲家で、その腕前はリストと並び称されるほどだったとか。ヨーロッパ、アメリカなどで圧倒的な成功を収めたばかりか、ロシア国内で音楽協会、ペテルブルグ音楽院、モスクワ音楽院などを創設する一方、作曲家としてもオペラをはじめ、交響曲（6作品）やピアノ協奏曲（5作品）、ヴァイオリンやチェロのソナタ、室内楽曲、ピアノ曲、歌曲などにもかなりの数の作品を残しました。現在、クラシック音楽ファンの間では「へ調のメロディー」「天使の夢」という曲がよく知られていますが、ともかく大変な人だったことがわかります。

このルビンシテイン、風貌ばかりでなくピアノの演奏ぶりも、ベートーヴェンそっくりだったそうです。何よりも音が大きく、少々のミスなどはお構いなしのダイナミックな演奏と、オーバーなゼスチャーで聴く人を圧倒したのだとか。そのため当時のヨーロッパ音楽界では「ベートーヴェンの隠し子ではないか」との噂が、まことしやかに囁かれていたと言われます。２人の生没年を考えれば計算が合わないのは確かなのに――　面白いですよね。

「エリーゼのために」「乙女の祈り」を巡る新事実

誰もが自己流で弾いたことのある思い出の曲

多分、クラシック音楽好きなら誰でも経験することでしょうが、ナマ演奏やレコード・CDなどでいろいろな曲を知り、気に入った曲が見つかると、『いつかこれを自分でも演奏できたら……』と思う瞬間があるものです。とりわけ身近な楽器であるピアノの曲については、お稽古に通う子どもたちも少なくないことから、「ひょっとして、自分も弾くことができるのではないか」と心ときめくことが、一度や二度はあるような気がします。

かく言う私も、名曲喫茶を経営したり関連原稿を書いたりしている手前、『まったく弾けないのでは格好悪いなあ』としばしば思わされています。上手下手はともかく、「1曲や2曲くらい、弾ける曲を持っていよう」と、自己流ながら挑戦した時期もありました。#やbの記号を手掛かりに、1小節ずつ指を置いては、聴き慣れたメロディーであることを確かめる——そんな作業を毎日少しずつ積み重ね、なんとかサマになる形に仕上げていくといった方法で何曲かのレパートリー（バダジェフスカの「乙女の祈り」とかベートーヴェンの「エリーゼのために」、「月光ソナタ」の第1楽章、チャイコフスキーの「舟歌」、ショパンの「夜想曲変ホ長調」「別れのワルツ」「幻想即興曲」、シューベルトの「即興曲作品90の4」など）を弾いたものです。丸暗記スタイルなので一度覚えたら忘れないように、いつもいつも弾いていなければなりませんでしたが、その後いろいろあって、いつの間にか弾かなくなり、今ではすべて見事に忘れ去っています。

最近、そんなピアノ曲の中で、最初に覚えて弾いた「エリーゼのために」と「乙女の祈り」について、それまで知られていなかった新事実が発見されたという報に接して、ちょっとびっくりしています。飽きるほど耳にしたこの2曲を見直して、『もう一度弾いてみようか』という気になっています。皆さんの中にも「この2曲なら弾ける」あるいは「知っている」という方が多いかと思いますが、発見された「新事実」をもうご存知でしたか？

教え子をみそめた楽聖・ベートーヴェン

まず、「エリーゼのために」にまつわる新事実の方からご紹介しましょう。その前に、これがどんな曲かを確認しておくと、あなたもご存知のように楽譜にして3頁、3分半ほどで弾けてしまうピアノの小品です。楽譜は、ルートウィヒ・ヴァン・ベートーヴェン（1770－1827／ドイツ）が亡くなってから40年も経った頃にミュンヘンで発見されましたが、遺稿には「エリーゼのために／4月27日／思い出のために／ベートーヴェン」と書かれていました。どうやらベートーヴェンがエリーゼという女性のために作曲し、贈った曲のようですが、しかしベートーヴェンの周囲にエリーゼという女性はまったく出てきません。あれこれと論議された結果、これは彼の生涯史に2人出てくる「テレーゼ」という名の女性のうちの一人、テレーゼ・マルファッティ（もう1人は、テレーゼ・ブルンスウィック）を読み間違え、そのまま出版されてしまったのではないか、ということになりました。なにしろベートーヴェンの悪筆は有名で、私たちが時折見かける他の曲の楽譜も読みにくいこと、この上ないのです。

その日付が示す時期、ベートーヴェンは貴族の令嬢、テレーゼ・マルファッティにピアノを教えていて、1810年5月には、彼女に結婚の申し込みをしています。しかし39歳と18歳という年齢差に加え身分の違いもあってか、彼女の父からプロポーズを断わられ、テレーゼは別の人と結婚してしまいました。というわけで、これはプロポーズから失恋に至る前の時期に、愛《いと》おしく思っていたテレーゼに贈った作品と推察され、長い間そう思われて来たのでした。

ところが2009年になって、ベルリン在住の音楽研究家でベートーヴェンの生涯に詳しいクラウス・マルティン・コピッツ氏が、「テレーゼの読み違えではなく、エリーゼと呼ばれる女性は実在した」という研究成果を発表したのです。この新事実はわが国でも同年7月2日のサンケイ新聞と7月27日の朝日新聞で報道されました。

コピッツ氏によると、ベートーヴェンの歌劇上演にも出演したことのあるテノール歌手ヨーゼフ・アウグスト・レッケルの妹で、レーゲンスブルク出身のソプラノ歌手、エリーザベト（1793－1883）がその人で、教会にある戸籍名簿には「マリア・エバ・エリーゼ」と記され、当時彼女はエリーゼと呼ばれていたことが証明されました。1807年に兄を追ってウィーンへ出た彼女は、そこで兄を通してベートーヴェンと知り合いましたが恋愛までには至らず、やがてベートーヴェンの友人でライバル関係にあった作曲家、ヨハン・ネポムク・フンメルと結婚しました。死ぬ直前のベートーヴェンに夫婦で会ったこともあるそうです。件《くだん》の曲は、エリーザベトが一時ウィーンを離れたとき、その別れに際してベートーヴェンが贈ったらしい、と考えられています。

楽聖に同情するもよし、男性を見抜く女性の慧眼《けいがん》に感服するもよし――何にせよ、驚かされるエピソードですよね。佳曲「エリーゼのために」を、もう一度聴き直してみたくなりませんか。

「乙女の祈り」が作曲家の母国で軽視されたわけ

もう一つは、これもまたよく知られたピアノ曲、「乙女の祈り」に関係した新事実です。聴けば誰もが「あ、このメロディー！」と思い当たるポピュラーなピアノ曲といえますよね。しかし「では、作曲者は誰？」と問われれば、ご存じない方がおありかもしれません。クラシック音楽の世界では珍しい女流作曲家、テクラ・バダジェフスカ（１８３４－１８６１／ポーランド）が、17歳の時に作曲したといわれます。

先に取り上げた「エリーゼのために」と共に早くから録音、レコード化されており、比較的易しい曲の構造から、ピアノを学ぶ人が早い段階で挑戦する曲としてよく知られてきました。解説などによると「１８５１年に作曲された」「他にも似たような優しい作品を35曲ほど書いたらしい」という紹介の他、この一曲だけが有名になった経緯も明らかにされています。すなわち、パリの音楽ニュース雑誌「レヴィユ・エ・ガセット・ミュージカル」の編集者が、偶然この曲を見つけ、雑誌の付録という形で楽譜を紹介したところ、たちまちに評判となり、またたく間に世界中に広まったのだそうです。しかし彼女がどんな経歴で、どんな生き方をしたかなど〝作曲者の詳細情報〟は、事典などでもほとんど触れられていないのが実状でした。これだけ人気曲となったのですから、彼女が作ったその他の曲はどんなものなのか、詳しい人物像はどうなのか?を知りたい人は大勢いたはずです。

それが分かる新情報がもたらされたのは、2007（平成19）年10月23日。朝日新聞に、「キング・レコードからバダジェフスカのピアノ小品集が発売されることになったこと」および「それが出ることになった詳しい事情」を紹介する記事が載ったのです。それによると、音楽プロデューサーの富山幸久氏が学生時代にポーランドを旅し、ワルシャワ大学の寮に泊まったとき、同じ大学の日本語科にいたドロタ・ハワサという女子学生と知り合いました。富山氏がドロタさんに「バダジェフスカという作曲家を知っていますか?」と尋ねたところ、「知りません」と言われ、びっくり。二人で調べてみようということになり、彼はその後結婚したロシア人妻の手も借りて、バダジェフスカが書いたその他の楽譜を蒐集《しゅうしゅう》しました。一方ドロタさんは、その後知り合った西武百貨店・堤清二氏との縁でデパートに就職する一方、日本人の新聞記者と結婚し、ポーランド・ラジオ局の東京特派員となります。

彼女は2005年、母国に戻った折に資料を探したものの、周囲からは「なぜ、そんなどうでもいい人のことを調べるのか」と不思議がられます。市役所の記録から、バダジェフスカが住んでいたという場所を見つけましたが、辺りは第二次大戦時にナチスの爆撃を受け、昔の面影はまったくありませんでした。それでもあちらこちらを調べて廻り、レコード完成時に立派な解説記事を寄せています。

ともあれ、二人の熱意によって実現したCDと、明らかになったバダジェフスカに関する新事実――警察官の家に生まれ、18歳で結婚、5人の子どもに恵まれたものの、なぜか27歳で夭折《ようせつ》。現存する資料は30

数曲のピアノ曲と、いくつかの新聞記事、ワルシャワ・ポヴォンスキ墓地にあるお墓だけ――を知ることができ、私たち音楽ファンにとっては大きな喜びとなりました。

パリの音楽雑誌が書いた特ダネのお蔭で、その後ヨーロッパでは100万部以上もの楽譜が売れたそうですが、故国・ポーランドではなぜ特記するほどの騒ぎにならなかったのでしょうか。「この国の音楽評論家たちが『〝お嬢さん芸〟以上のものではない』と見下し、相手にしなかったからではないか」とドロタさんは言っています。

なるほど、ポーランドはショパンやパデレフスキなどの世界的大作曲家を生んだ国、それに比べれば内容的に物足りないのは確かですが、しかし、新たにレコード化された他の曲も含めて、バダジェフスカの曲には「祈り」「希望」「愛」といったキリスト教的な信仰の精神が宿っています。念のため、ユリア・チャプリーナという、ウクライナ出身でフランス、日本などいくつかのコンクールで優勝した新鋭ピアニスト（1987年生まれ）が好んで弾くバダジェフスカ作曲の作品は、次のようなものです。

「乙女の祈り」「乙女の感謝」「マズルカ（甘き夢）」「マグダレーナ」「マズルカ」「天使の夢」「エオリアン・ハープ」「第2の乙女の祈り」「幻影」「友愛」「田舎小屋の思い出」「母の祈り」「森のこだま」「信仰」「希望」「愛」「叶えられた祈り」。

なお、バダジェフスカの名をポーランド語読みすれば「ボンダジェフスカ」。ワルシャワのポヴオンスキ墓地に眠る彼女の墓には、「バラノフスキ家の墓、テクラ・ボンダジェフスカ／作曲家／ピアニスト」と記され、「乙女の祈り」の楽譜を持つ若い女性の銅像が建てられています。

あの音楽家の死因

名のある作曲家らはどんな死に方をしたか

「死」というのは、誰にもやってくる「この世の生の終着点」ですよね。生まれる時の形は誰もが同じなのに、「死」の形には、なんといろいろなのがあるのか、身近な人の死に立会うたびに、つくづくと考えさせられます。ある人は長患《ながわずら》いの末にようやく、という形で。ある人は予期せぬ事故で一瞬に。さらにある人は絶望から自ら死を選ぶ――という風に、大きく分けてもいくつかの形があります。病死ともなると、脳系・心臓系・消化器系・呼吸器系など、いろいろな形の死が私たちを待っています。いつかはやってくる「死」に対して、私たちも覚悟と準備をしておかなければならないでしょうね。

ところで、クラシック音楽の作曲家たちはどんな死に方をしたのでしょうか。いつだったか上智大学で、そんなテーマの話をしてほしいと頼まれたことがあります。（死についての考察で知られるアルフォンソ・デーケン師筋の依頼でした）。そのとき調べたのですが、作曲家の世界の「死」に、私たちのそれと比べて特に変わった点は何もありません。自殺者がいれば殺された人もおり、事故死した人がいれば病死した人も、と死因はさまざま。また、ごく短命だった人もいれば、長命だった人もいます。違うのはただ一点、彼らは皆、今日まで聴かれ続けるほどの名曲を残している、ということです。

とはいっても、クラシック音楽を語るとき、話題に上る〝代表的な死〟がないわけではありません。こここではそんな例をご紹介して、クラシック音楽への関心を深めていただきたいと思います。以下、見易く、また覚え易いよう、箇条書きにしてみました。

▼**指揮棒に殺された作曲家――**　バロック時代の作曲家ジャン・バティスト・リュリ（1632－87／イタリア→フランス）です。信じられないかも知れませんが、現在のような細い指揮棒が使われるようになったのは1800年代以降のこと。リュリの時代には金属製の長いステッキ状の棒で、床を叩いて拍子を取っていたのです。ある日、振りあげた棒を誤って右足の親指の上に！　黴菌《ばいきん》が入って腫れ上がり、まもなく死去しました。

▼**交通事故がもとで亡くなった作曲家――**　エルネスト・ショーソン（1855－99／フランス）、セザール・フランク（1822－90／ベルギー）、モーリス・ラヴェル（1875－1937／フランス）たち。「詩曲」で知られるショーソンは、自転車に乗って散歩中に自動車と衝突。その師にあたるフランクは「交響曲ニ短調」などで有名ですが、弟子の家へ行く途中の夕方、乗合馬車の棒（馬を両側から挿《はさ》む）に接触して脇腹を強く突かれて腹膜炎を起こし、これがもとで死去。「ボレロ」で知られるラヴェルは、乗っていたタクシーが衝突事故を起こし、脳をやられて5年後に亡くなりました。

▼**酒が原因で亡くなった作曲家――**　クリストフ・ヴィリバルト・グルック（1714－87／ドイツ）と、モデスト・ムソルグスキー（1839－81／ロシア）の2人が有名。どちらもブランデーの飲み過ぎが帰天の遠因でした。グルックは晩年、軽い脳卒中で倒れて以来、医者から飲むことを禁じられ、妻からも厳しく見張られていましたが、ある日妻が外出した隙《すき》に家中を探して、一本のブランデーを発見。「しめた！」

とばかりに夢中で飲み始めると、禁酒生活で免疫がなくなっていたせいか、たちまちに引っくり返って、そのまま昇天しました。

一方ムソルグスキーも、母を失った26歳頃から酒びたりとなり、40歳頃には完全なアルコール中毒に。1881年、演奏中に倒れた彼は病院に収容され、真面目に療養していましたが、誕生日を間近にしたある日、付き添いの一人がお祝いのつもりでブランデーを贈ったから、さあ大変！　喜んでこれを飲んだ彼はたちまちおかしくなり、奇しくも誕生日の朝に息を引き取ってしまったのでした。享年42。日本では厄年とされていますね。

▼自殺した作曲家――　ピーター・ワーロック（1894－1930／イギリス）、ジェレマイア・クラーク（1673－1707／イギリス）、ロベルト・シューマン（1810－56／ドイツ）、ピョートル・チャイコフスキー（1840－93／ロシア）などが自死を選んでいます。ワーロック（本名フィリップ・ヘゼルタイン）は、作曲よりも評論活動で知られた人でした。芸術に対する理想の高さから人生に絶望して自殺。また「トランペット・ヴォランタリー」という小品で知られるクラークは、ある女性に恋をしたものの見事に振られての自死。シューマンは遺伝と見られる精神疾患により、ライン川に身を投げました。そのときは助けられたのですが2年後に死去。チャイコフスキーは「同性愛がバレた末の服毒自殺だった」というのが、最近の定説です。

▼狂死した作曲家――　「モルダウ」という交響詩で知られるベドルジヒ・スメタナ（1824－84／チェコ）、ドイツ歌曲の作曲家として知られるフーゴー・ヴォルフ（1860－1903／ドイツ）、ロベルト・

シューマン（前出）らの死因がこれ。スメタナは40歳頃から幻聴、50歳で聴覚喪失、60歳のときに発狂。躁暴《そうぼう》状態になって狂死したと言われます。ヴォルフは歌曲の世界で知られ、ワーグナー信奉者として活躍しましたが１８０９年、作曲中に発狂し、保護院に収容されてまもなく死亡。シューマンは「虎とハイエナの形をした化物が襲ってくる」と叫んで、ライン川へ身を投じました。

社会の荒波が消し去った大物音楽家も

▼誤って射殺されてしまった作曲家――　アントン・ウェーベルン（１８８３－１９４５／オーストリア）が、その人。第二次大戦後、敗戦国であるオーストリアに駐留していたアメリカの憲兵が、駐留米軍の物資を横流ししていたウエーベルンの娘婿を見張っているなか、婿からもらった闇タバコに火を点けた瞬間、米憲兵がそれを目がけて発砲し、２発の銃弾を胸に受けて死亡しました。

▼潜水艦に攻撃されて死んだ作曲家――　エンリケ・グラナドス（１８６７－１９１６／スペイン）のことです。自作の歌劇「ゴイエスカス」を、ニューヨークのメトロポリタン歌劇場で初演した帰途、夫婦で乗船した客船「サセックス号」が、イギリス海峡でドイツのUボートに攻撃されて、あわれ海の藻屑《もくず》となりました。

▼遺体が行方不明になった作曲家――　ウォルフガング・アマデウス・モーツァルト（１７５６－91／オーストリア）の例が有名ですね。依頼されて書いた葬儀用音楽「レクイエム」を作曲中に、当の本人が亡くなってしまったという不思議に加えて、彼にはまた、「遺体が行方不明のまま」という謎が残されています。

というのは、カネに困っていたモーツァルト家は、スヴィーテン男爵に葬儀費用などを出してもらいましたが、これが一般庶民並みの3等クラス。5人分まとめて同じ穴へ合葬という扱いでした。墓標もなかったため、ほどなく〝正確な位置〟が不明となってしまったのです。元の場所と思われる位置には現在「嘆きの天使」像が、またそれとは別に、ベートーヴェンらが眠るウィーンの中央墓地には、元の場所に建てられていた記念像（1859年制作）がそのまま移され、建っています。

▼毒キノコを食べて死んだ作曲家―― ドイツの作曲家ヨハン・ショーベルト（1720頃－67）。ドイツ人ながら、活躍したのはフランスで、チェンバロ奏者として活躍する一方、ソナタなどを書き、パリのサロンでは大変な人気があったと言われます。亡くなった年の8月18日、食卓にはキノコ料理が出されました。それを食べた家族は一人の子どもを除いて全員が毒にあたり、次々と死んでいったといわれます。

▼夜警の警棒に殴り殺された作曲家―― マイクル・ヴァイス（1648頃－87）というイギリスの作曲家はある晩、夫婦喧嘩の末に興奮して外へ飛び出したら、いきなり目の前に現われたのが、町内見廻りの夜警さん。夜警がびっくりしたのかよほど危険と思われたのか、この夜警さんさんが夢中で振り廻したす警棒が運悪く頭に当たって、ヴァイスは即死した――という事例です。

いかがですか？　結構いろいろな死に方があるものですねえ。まあ、クラシック音楽の作曲家は他にも大勢いますから、一人ひとりの死因を挙げていくと際限ありませんが、右に分類した〝疾患〟の系統ごとに、該当する主な人物を挙げて、この項を締めくくることにしましょう。カッコ内に享年を付します。

・心臓系疾患で亡くなった作曲家――　ワーグナー（70）、フォーレ（79）、R・シュトラウス（85）、シェーンベルク（77）、ショスタコーヴィチ（69）
・脳系疾患で亡くなった作曲家――　ヴェルディ（88）、プロコフィエフ（62）、シベリウス（92）、メンデルスゾーン（38）、シューベルト（31）、ドヴォルザーク（63）
・消化器系疾患で亡くなった作曲家――　ベートーヴェン（56）、ロッシーニ（76）、マーラー（51）、ブラームス（64）、ドビュッシー（56）
・呼吸器疾患で亡くなった作曲家――　ウェーバー（40）、ショパン（39）、ファリャ（70）、ストラヴィンスキー（89）、グリーグ（64）、リスト（75）、ブルックナー（72）、J・シュトラウス2世（74）

天国に招かれた作曲家たちは、今

夜中に目醒め、眠れないまま過ごすなかで

「我れながら、トシを取ったと思うね。夕飯を食べるとすぐに眠たくなってしまうんだ。好きなテレビ・ドラマを見ていても、途中でうとうとしている間に、ストーリーが飛んでしまっていてさ」「早寝するようになったね、8時にはもう〝白河夜船〟よ」「そのくせ夜中になると必ず目が覚めて、明け方まで眠れないよね」

他人事だと思って聞いていたそんな言葉が、とうとう自分にも当てはまるようになってしまいました。そう、名曲喫茶の老店主は今、まさにそんな状況下でおたおたしているのです。といっても格別に老化を悲しんでいるわけではありません。老人になったら誰でもそれが普通だと、妙に悟っています。

問題は、そこそこの眠りを確保した後、〝目覚めてからの夜中の時間の過ごし方〟です。もちろんその時間、老体はベッドの中。喫茶店をやっていますから、朝が来て店を開けてからのこと――「今日は誰が一番に来てくれるのかなあ」「初めての人の来店はあるかなあ」なんてこと――も考えますが、近頃は、あれこれと昔のことを思い出すことが習慣になってきました。年寄染みた話になりますが、まあ勘弁してくださ い私の場合は、別に慌てることもないので、思い出の断片をゆっくりと頭の中で整理しながら、サラリーマン時代の仕事のこと、出逢った人の顔や言葉、恋愛した相手のこと、結婚前後のこと、家庭を持ってか

らのこと、アンラッキーだったあれこれ――などを丁寧に辿《たど》るようになりました。

　これまで交わりのあった人についてあれこれと思い出していると、不思議なことに亡くなった人が〈まだ生きているかのようなリアルな映像〉として目前に浮かんできます。雷おやじだった父は、亡くなって40年経った今でも、威圧感いっぱいの表情で「元気か」と話かけてきますし、お付き合いさせていただいた音楽評論家の先生方も「頑張ってますね」と言葉を掛けてくれ、今の私を見ておられるかのようです。『先生は天国でも研究したり書いたりして、神さまの前で発表しておられるのかなあ』と、懐かしさと空想が広がります。縁なく別れた人や私の前を横切《よぎ》った人たちも、過ぎた時間を考えればずいぶんと変わられたはずですが。私の胸の中では、往時の顔と表情のまま今も生き続けています。

　思い出がさらに進んで、あらぬ空想につながることもあります。好きで聴いているクラシックの作曲家たち（むろん、大半は亡くなっています）が、天国へ行ってからどうしているのかしら、というのもその一つ。もちろん知りようもありませんし、第一、あの世があるのかないのかさえも分かりません。でも彼らの多くが信じたキリスト教風に「天国はある」としたら、彼らの姿を見ることのできない私たちのすぐ近くに、彼らの魂が寄り添ってくれていて、天国から彼らが毎日のように話かけてくれることも期待できる――という考えを信じないわけでもないのです。

帰天以降の〝生き方〟が気になるあの作曲家

　で、世界に名を馳せた作曲家たちがあの世で生きているとするなら、私には、彼らに会って聞いてみたいこと、知りたいことがたくさんあります。

その一つは、早逝した作曲家たち――シューベルト（31歳）やモーツァルト（35歳）、メンデルスゾーン（38歳）、ショパン（39歳）たち――が毎日、いったい何をしているのか、という疑問に答えてほしいのです。いやもちろん、生きているとすればやはり、作曲をしているのでしょうね。何しろ中途半ばでいのちを絶たれたわけですから、やりたいことはまだまだたくさんあったはずです。それを埋め合わせたい一念で、猛然とアタック中なのかもしれません。

例えばシューベルトは「未完成」交響曲を、改めて完成させようとしているのかな？　モーツァルトも最後の作品となった「レクイエム」がジェスマイアによって完成したことを不満に思い、自分で全曲完成させようと取り組んでいる最中？　メンデルスゾーンは脳腫瘍《のうしゅよう》の病を治して晴れ晴れと、次の交響曲や協奏曲の作曲に挑んでいるところ？　ショパンも結核を癒して、さらにロマンチックなピアノ曲を作曲中？

……

そういう作曲姿勢を想像すると、興味深いのはやはりベートーヴェンかもしれません。生前に聴覚を喪失して、カネや恋愛にも苦しみ、思いどおりの作曲には没頭できなかった彼です。天国では聴覚も戻り、貴族にカネを無心することもせずに済むはずですから、さらに革新的な何かを求め、誰もが敬服するような交響曲などを書いているに違いありません。

恋愛といえば、〝次の世〟ではどうなっているのでしょうね。現世では華やかな女性遍歴で鳴らしたリストやワーグナー、ベルリオーズ、ベートーヴェンらは、天国でも〝現役〟を張っているのでしょうか。ワーグナーはリストの娘コジマと再婚して無事に収まったのでしたが、リストは、ヴィトゲンシュタイン夫人との結婚が認められず、僧籍に入ったままかしら？　ベルリオーズはようやく結婚した女優、ハリエット・スミッソンと死別した後、不倫関係にあった若い歌手と再婚しましたが、その仲は順調とは言い難かったと伝えられます。その後どうなったのか知りたいところです。さらにベートーヴェンも、常に誰かと恋愛しながら、誰とも結婚できない可哀想な男でした。天国でも果たして独身のままなのでしょうか？　その他、不倫した妻を刺殺したジェズアルド、暗殺者に殺されたストラデルラといった人たちの〝その後〟も気がかりです。

早死より、もっと気の毒な死に方をした作曲家たちもいます。第一次大戦中、乗っていた客船がドイツの潜水艦（Uボート）に攻撃されて海に消えたグラナドスとか、第二次大戦後、駐留していたアメリカ憲兵の誤射によって亡くなったウェーベルン、タクシー事故がもとで死んだラヴェル、同じく交通事故死を遂げたフランク・ショーソンといった作曲家の〝その後〟も、大いに気になるところ。個性的な作品が魅力の彼らでしたから天国で、もっともっと書いていてほしいし、聴かせてほしいとしきりに思います。

リストやその仲間と、ローズ・マリー・ブラウンの〝指先〟が生んだ奇蹟

眠れないままベッドの中でどう空想してみてもやがては現実に戻り、ちょっぴり空虚な気分になります。そんなことを繰り返していたある深夜に、ふと思い出しました、不思議なレコードがかつて大きな話題になったことを。それは、天国へ旅立った作曲家フランツ・リストの霊魂がある日、ロンドンの学校給食係

として働いていた中年の女性に乗り移り、〝リストが天国で作曲した新しい曲〟を、彼女の指先を使って五線紙に書き、そして彼女に弾かせた——という驚くべき事実です。いえ、決して〝エイプリル・フール〟の類ではありません。しかもそれに続いてリストは、天国にいる音楽仲間——ショパンやベートーヴェン、シューベルト、シューマン、ブラームス、グリーグ、ドビュッシーら——を次々と彼女に紹介したと言われます。彼らが書いた新作も、同じように彼女の指先から楽譜に収められました。それらを、彼女とプロフェッショナルなピアニストがA・B両面に弾き分けてレコードを制作し、レコード盤「ローズ・マリーの霊感」を生み出したのでした。

私もびっくりしてそのレコードを手に入れましたが、添付された解説文によると、ローズ・マリー・ブラウンというのがその中年女性の名前。彼女は、幼い頃に少しだけピアノを習ったことがあったものの、才能は開花せず、むしろバレリーナに憧れていたのだとか。それも両親に反対されて挫折したローズが7歳になった頃のある日、見知らぬ老人の幻が目の前に現われ、「大人になったら、ピアノを教えてあげよう」と言ったそうです。この老人がリストだったわけですね。マリーはやがて成人し、あるジャーナリストと結婚して男女2人の子どもをもうけますが夫は長患いの末、1961年に亡くなってしまいました。幼い子ども2人を抱えた彼女は貧しい家計を補うべく、自宅のあるバルハム地区の学校の給食係となります。

それから3年が経った1964年のその日、ローズが自宅にあったピアノの前に座り、幼い頃に覚えたメロディーをポツンポツンと弾いていると突然、指のコントロールが利かなくなり、指が勝手に動き出して見事な演奏を繰り広げたのだそうです。そのとき彼女は、幼い頃に出会った老人・リストを思い出し、『あのときの約束を幻覚どおりに実行してくれたのだ』と納得しました。夢うつつの中で、彼女が「どうしたらこの曲を暗譜できますか？」と尋ねたところ、リストは彼女の指先に託して何度も何度も演奏を繰り返させたので、彼女は「繰り返すこと」が答えだと知りました。

この話には続きがあります。そうこうするうちに何と、リストの音楽仲間たちが、彼に倣って次々とローズ・マリー・ブラウンの指先に乗り移ってくるようになったのです。彼らも天国で書き上げた新作についてあれこれと喋りながら、マリーの指先で弾くのですが、全員が英語で話したのだそうです。天国の彼らに言わせると、彼女は正直で素直で真面目な性格だった上、変に音楽ズレしていなかったことが、〝霊媒〟として適しており、乗り移り易かったのだそうです。

ローズ・マリー・ブラウンはこうした体験を、ほんの僅かしかいない親しい人にしか話しませんでした。そしてその一人が、当時イギリス楽壇で有名だった音楽教育者、ファース卿夫妻に検査してもらうよう進言したそうです。ローズ・マリーは夫妻によるテストを受け、彼女の音楽的知識がまったく貧弱で、単純な旋律の聴き取り課題すらできないことが明らかになりました。

にもかかわらず、リストの霊魂との出会い以後、5年間にわたり、彼女は何と400曲以上（ほとんどはピアノ曲）も「口写し」と「指写し」で楽譜に記していったと伝えられています。

心理学では、こうした症状を一種の「統合失調症」と診《み》て、「二重人格に基づく自動筆記行動」と分類されるそうですが、彼女の場合は二重人格どころか、何人もの作曲家が憑依《ひょうい》した多重人格。文章表現分野などでは例があるものの、音楽の分野ではきわめて珍しい例なのだとか。ともあれ、驚いたファース夫妻は、マリーを応援する基金を設立し、そこから毎月手当を出して給食係を辞めさせ、曲の書き取りに専念できるように配慮したそうです。

その後彼女がどうしているのか、新しいニュースは伝わってきませんが、乗り移ったショパンその他の作曲家たちについて、人柄や教え方がどんなものかも告白しているユニークな霊媒師のマリーさんのこと、今も作曲家たちと楽しい交流を続けているに違いありません。

そういう霊感のない私は、目の前にある彼らの作品――天国で書き、彼女に託した――だという、ベートーヴェンの「バガテル」、リストの「たそがれの白鳥」、シューマンの「あこがれ」、ドビュッシーの「ダンス・エキゾチック」などに耳を傾けながら、半ば天国へ入ったような気分を味わっています。

Op.2　あの名作にまつわる意外な秘話

珍曲探しのすすめ

曲の形や題名が変わっているのは――

変わった作曲家をご紹介するとき、ほとんど同時に思い浮かぶのは、「変わった作品」です。これもたくさんありますよ。かつて私自身、そうした曲を集めて一冊にまとめたことがあるのですが、そのとき実感したのは『ひと口に〝変わった〟といっても、何が変わっているのか、その意味はいろいろなのだなあ』という驚きでした。早い話、「曲の形（構造）が変わっている」「題名が変わっている」「書かれた動機（きっかけ）が変わっている」「変わった楽器や音が入っている」――などなど。ここではあらためて大雑把に分類した上で、具体的な曲を挙げてみましょう。中にはあなたも演奏したくなること請け合いの、〝とびきりの珍曲〟もありますよ。

まず「曲の形が変わっているもの」としては、半分しか書かれていない〝書きかけ〟なのに誰もが傑作だと思っているシューベルトの「未完成」交響曲や、やはり半分くらいしか書かれなかったものをその後、弟子が完成させたモーツァルト最後の「レクイエム」の2曲が知られています。他にも――
・全曲演奏に4夜もかかるワーグナーの歌劇「ニーベルングの指輪」（約16時間）
・楽譜どおりに演奏すると終わりがない、ヨハン・シュトラウス2世の「常動曲」
・ステージに登場した演奏者が何もせず（＝音を出さず）に引っこんでしまう、ジョン・ケージの「4分33秒」
・他人の曲（J・S・バッハの「平均律クラヴィア曲集」の最初の曲）をそっくり伴奏に使い、メロディーだけを書いて世界的な名曲に仕上げた、グノーの「アヴェ・マリア」（じつは歌詞も、カトリック教会の祈りの言葉がそっくり使われています）
・楽譜どおりに演奏するとあちこちで音が外れる、モーツァルトの「音楽の冗談」
・サイコロ2つを振り、出た番号の小節をつなげて曲を作る、同じモーツァルトの「音楽のサイコロ遊び」
・2小節26拍の短いフレーズを、「できるだけゆっくりと840回繰り返せ」と指示のある、エリック・サティの「ヴェクサシオン」。作曲者の指示に従えば、演奏は15～18時間に及びます（因《ちな》みにこの曲の題名は、フランス語で〝いらいら〟〝嫌がらせ〟の意）。

次に、「題名」が変わっている曲」です。その代表格は、別項「風変わりな作曲家」でご紹介したエリック・サティの一連の作品ですが、他にも「外見と中身が違う曲」とか、作曲者が知らないところで付いた「あだ名」が題名になった曲などがあります。

「外見と中身が違う」というのは、例えば〈大勢で演奏する協奏曲〉かと思って聴くと、じつはチェンバロ（あるいはピアノ）の独奏曲になっている、J・S・バッハの「イタリア協奏曲」、交響曲かと思うと実質的にはヴァイオリン協奏曲というラロの「スペイン交響曲」、同じくピアノ協奏曲であるダンディの「フランスの山人の歌による交響曲」――といった作品がそれ。

一方、作曲者がつけたのではなく、出版社や世間の評判、あるいはちょっとしたエピソードから付いた「あだ名」「俗称」「通称」がそのまま曲名として通用しているものもあります。あなたにとって聴き覚えのある題名が、それらのうちの何によるかは、あまりに多すぎるのでここでは説明を省略しますが、もしかしたらそうであることを知らない人がいるかもしれない曲を挙げると、ショパンの「別れの曲」や、ネッケの「クシコスの郵便馬車」。前者は、1934年にフランスで製作されたショパンの伝記映画の題名なのです。主題曲として使われた彼の「練習曲作品10の3」があまりにも印象的だったために、いつの間にか曲名が映画の題名で呼ばれるようになりました。また後者は、チェコ語による原題「チーコシュ・ポシュト（『郵便馬車』の意）」が、〝クシコスの郵便馬車〟と、ダブって訳されてしまった例です。どちらも名曲なので、ご注意を！

変わった動機や曲中の珍奇な音で注目されてきた作品群

さて、「書かれた動機（きっかけ）が変わっている曲」として挙げてみたいのは、ワーグナーの管弦楽曲「ジークフリート牧歌」、シューマンの歌曲集「ミルテの花」、ドヴォルザークの歌曲集「いとすぎ」、ベルリオーズの「幻想交響曲」などです。

ワーグナーの曲は、恋愛騒動ほかいろいろあった彼が、57歳になってようやく再婚でき、妻と子どものために贈った作品。妻の誕生日であるクリスマスの朝7時半、2階へ続く階段に集めた楽団を指揮して、ベッドにいる妻に聴かせたという変わった贈り方が魅力とされています。

また、シューマンの「ミルテの花」も、裁判まで起こして伴侶になることを認めさせた恩師の娘クララに、明日は結婚式という前の晩に贈ったもの。こちらも泣かせます。

「いとすぎ」は、ドヴォルザークが24歳のときに思いを寄せた、金細工師の娘ヨゼファへの実らぬ恋から生まれた作品。18曲の曲集から、さらに2つの歌曲集と弦楽四重奏の「いとすぎ」が生まれていて、彼女への想いがいかに深いものだったかを感じさせます。その後彼は、ヨゼファの妹アンナと結婚しました。

なお、失恋に終わった恋が動機になっている曲としては、ショパンの2つの「ピアノ協奏曲」や、ブラームスの「弦楽六重奏曲」、マーラーの「さすらう若人の歌」、シューマンの「謝肉祭」よく知られた曲が目白押しです。

「動機が変わっている曲」の最後に挙げたベルリオーズの「幻想交響曲」は、同じ失恋でも〈外国〈イギリス〉から来た劇団の女優さんに惚れ込み、思うようにならない気持ちを曲に託した〉という、ちょっと異色の動機が生んだ作品です。ドラマ仕立ての内容とか、彼のその後〈何と、落ちぶれた女優と結婚したのです）など、興味深い話がいくつもあります。それらの逸話に注目しながら聴いてみてください。

「変わった楽器や音が入っている作品」の数も意外に多いようです。

・曲の一部に「本当の鳥の鳴き声を入れろ」と指示し、それを収めたレコードの番号まで書かれている、レスピーギの管弦楽組曲「ローマの松」。歌詞が「にゃ〜お」という猫の鳴き声になっていて、これを2人で歌うロッシーニの「2匹の猫のふざけた二重唱」（これは誰でも歌えますよ！）。

・消防車のサイレンのような音（クラリネット）で始まる、ガーシュインの「ラプソディ・イン・ブルー」。実物のタイプライターのカタカタという音を使う、ルロイ・アンダーソンの「タイプライター」。同じ作曲家による、紙やすりの音を生かした「サンド・ペーパー・バレエ」。

・あいうえおの母音だけで歌うヴォカリーズの名曲として知られる、ラフマニノフの「ヴォカリーズ」と、ホルストの「惑星」の最後、ドビュッシーの「夜想曲」、ラヴェルの「ハバネラ形式のヴォカリーズ」などもその類です。

・本物の大砲の音を使った演奏もOKの、チャイコフスキーの大序曲「1812年」。同じく勇壮な戦争を描いたベートーヴェンの「ウエリントンの勝利（戦争交響曲）」。

・「風音器（ウインド・マシン）を使って迫力満点の豪雨を描く、グローフェの組曲「グランド・キャニオン」。蒸気機関車（SL）の発進から高速走行までをリアルに再現する、オネゲルの「パシフィック231」。

・民族楽器チターの音が印象的なJ・シュトラウス2世の「ウイーンの森の物語」。日本の琵琶や尺八の音が効果的な、武満徹の「ノヴェンバー・ステップス」も加えておきましょうね。そうそう、忘れていました！　ラッパやガラガラなど子供の玩具が登場するレオポルト・モーツァルトの「おもちゃの交響曲」もありましたっけ。

・「不眠症にかかった伯爵が聴きながら眠れるように」という目的を持って書かれた、J・S・バッハの「ゴルトベルク変奏曲」（子ども用として、子守歌が含まれています）。

その他にも、その曲のところまで来ると、なぜか立ちあがって聴く習慣のある、ヘンデルのオラトリオ「メサイア」の中の「ハレルヤ・コーラス」——などなど、まあ限りがないので、この辺で止めておきましょう。

数字で覚えるクラシック音楽あれこれ

〈作品・作者〉と〈数字〉の切れない縁《えにし》

6月10日は「時の記念日」です。東京都内3ヵ所で毎月やっている「ショパン名曲愛好会」も、長いところで30年、遅咲きの愛好会でも18年目を迎えますが、ある年に6月の集まりでテーマを「『時』に因《ちな》む名曲」としました。

そう決めた後、探してみると該当する曲が結構あることが分かり、少々驚かされました。「時」といえば、秒・分・時・日・年など、すべて数字で表わされます。クラッシック音楽作品も数字と無縁ではなく、作曲年・初演の年月日・出版年・作品番号など、すべて数字絡みです。

作曲家にしても、生・没年ほか、その人物にとって節目となる出来事などでいろいろな数字が関連してきます。そもそも私たちの日常そのものが時間で計測され、カレンダーとともに成り立っているのですから、それも仕方ありませんね。

で、ここは〝乗りかかった舟〟、資料を広げて「クラシックをめぐる数字にどんなものがあるか」「何か面白い数字はないか」「知ってみたら興味がわくものがあるかどうか」――あれこれと数字を拾い集めてみようと思います。

あなたのティータイムに、お喋りの材料にでもしていただければ幸いです。

■作品の個性を表わす数字

【作品の数】

クラシック音楽の曲数が全体でどのくらいあるかは、おそらく誰にも分かりません。事典などに収録されている数千人の作曲家数などから推測して30万曲くらいかな?とは思うものの、それはあくまでも私の推測です。では「作曲家別に数えて、最多曲数の人は?」というと、一般的にはG・P・テレマン（1681－1767／ドイツ）とされていますが、これも正確ではありません。23年分以上の教会カンタータ、46の受難曲、40作のオペラ、600～700曲の管弦楽曲、3つの大規模な「食卓の音楽」（これが有名!）、その他多くの宗教曲、協奏曲、室内楽曲、歌曲があるといわれますから、大雑把に見積もって、テレマン一人で4000曲くらい作ったと思われます。

【交響曲の最多作曲】

F・J・ハイドンの104曲、モーツァルトの41曲、ショスタコーヴィッチの15曲などが有名です。ヨハン・メルヒオール・モルター（1696－1765／ドイツ）は165曲も作曲しているといわれます。

【最も短い曲】

モーツァルトのピアノ曲「アレグロハ長調K16」が約11秒。同じく「アンダンテハ長調K.1a」が約17秒で、おそらく最短でしょう。それに次ぐのはショパンの「前奏曲集作品28」から「第7番イ長調」（龍角散のコマーシャルで有名）の約40秒。おなじく「子犬のワルツ」作品64の2の、約1分強。メンデルスゾーンの「無言歌」から「紡ぎ歌」作品67の4の約1分50秒など。なお、最長の曲は別項「作品にも変わった曲が――」をご参照ください。

【演奏に最も人数を要する曲】

通称「1000人の交響曲」といわれるマーラーの「交響曲第8番変ホ長調」以上のものはないでしょう。スコアには指定がなかったものの、初演の時にオーケストラ146人のほか、250人の混声合唱2組、350人の児童合唱、8人の独唱者、合計1004人で演奏されたことから、この名がつきました。

そう言えば、ベートーヴェンの作品にも面白い曲があります。通常編成のオーケストラの他に大太鼓・小太鼓・信号ラッパなど多数を加え、「会場に応じて楽員は多いほどよい。舞台から見えない奥に、左右両軍（イギリスとフランス）を配置し、連絡用の副指揮者を置く」と指示のある管弦楽曲「ウェリントンの勝利」（通称「戦争交響曲」）です。

他方、演奏の最大規模は、1872年にワルツ王と呼ばれたヨハン・シュトラウス2世が、アメリカ独立100周年記念祭（ボストン）に招かれて指揮したときの布陣です。987人のオーケストラ（第1ヴァイオリンだけで400人）に合唱団が加わって、総勢約2万人。シトラウスは高い指揮台に昇り、下からは20人の副指揮者が見上げる形となって、大砲の合図とともに「美しく青きドナウ」が演奏されたそうです。「ともかく最後まで乱れないことを祈った。うまくいったが、心細かった」と、シュトラウスは書き残しています。

【オーケストラの人数】

時代により曲によりさまざまですが大雑把に言えば、モーツァルトの古典派時代までは30〜40人くらい。

ベートーヴェンが活躍した時代に至って70人程度（2管編成）と肥大化。以後それ以上（3管、4管編成）となり、70～100人くらいで定着しています。

【作品の整理番号】

最も有名なのは、モーツァルトのK番号と、J・S・バッハのBWV番号ですよね。

Kはモーツァルトの死後1862年に「モーツァルト全音楽作品の年代順主題目録」を編纂したオーストリアの研究家、ルートヴィヒ・フォン・ケッヒェル（1800－77）の頭文字を採ったもので、作品の最後に付けられています。

その名のとおり作曲年代順になっていて、K626まであります。初版以来、8回くらいの修正がありますが、音楽ファンにとっては最も馴染み深い作品番号といってよいでしょう。

一方、BWVは「Bach-Werke Verzeichnis（『バッハ作品総目録』）」の略。ドイツの音楽学者、ウォルフガング・シュミーダーが1950年に編集・出版したもので、こちらは作曲順ではなく、曲種別に整理されています。

そのほか、オットー・エーリッヒ・ドイッチュによる「シューベルト作品番号D」や、アントニー・ヴァン・ホーボーケンによる「ハイドン作品番号Hob」、アレッサンドロロンゴによる「ドメニコ・スカルラッティ作品番号R」、ラルフ・カークパトリックによる「ドメニコ・スカルラッティのソナタ番号（K）」などもあります。

それ以外は一般的にOp.（Opus＝オブス／ラテン語で「作品」の意。英語ではオーパス。年代順、あるいは出版順）で表示されます。

【作品一の名曲】

最初に出版された曲で名曲となっているもの。シューベルトの歌曲「魔王」（１８１５年作曲、１８２１年出版）はその典型です。

【３大歌曲集】

シューベルトの３つの歌曲集「美しき水車小屋の娘」（１８２３）、「冬の旅」（１８２７）、「白鳥の歌」（１８２８／死後出版）を指します。

【３大バレエ】

チャイコフスキーの３つのバレエ音楽「白鳥の湖」（１８７７）、「眠りの森の美女」（１８９０）、「くるみ割り人形」（１８９２）を「３大バレー曲」と呼ぶ他、ストラヴィンスキーの「火の鳥」（１９１０）、「ペトルーシュカ」（１９１１）、「春の祭典」（１９１３）を指すこともあります。

【数字が入った題名】

チャイコフスキーの序曲「１８１２年」、ヴィヴァルディ、グラズノフ、チャイコフスキーの「四季」。オネゲルの「パシフィック２３１」、プロコフィエフの「３つのオレンジへの恋」、ロッシーニの「２匹の猫のふざけた二重唱」、トスティの「４月」、バーバーの「ノクスビル・１９１５の夏」、ショスタコーヴィチの交響曲第11番「１９０５年」、ヤナーチェクのピアノ・ソナタ「１９０５年10月1日、街頭にて」、サティの「３つのジムノペディ」などがありますね。

■作曲家それぞれと結ばれる数字

【作曲家の寿命――（長命だった人・短命だった人／カッコ内は帰天時の年齢）】

長命――　ラインケン（99）、ロドリーゴ（97）、シャルパンティエ（96）、ゴセック（95）、シュトルツ（94）、ヴィドール（93）シベリウス（92）、フリムル（同）、クシェネック（91）、グレチャニノフ（同）、コープランド同）、マリピエロ（同）

短命――　アリアーガ（20）、ルクー（24）、ペルゴレージ（26）、ローサス（同）、バダジェフスカ（27）、シューベルト（31）、ベルリーニ（33）、モーツァルト（35）、パーセル（36）、ワーロック（同）、ビゼー（37）、メンデルスゾーン（38）、フォスター（同）、ショパン（39）、ニコライ（同）、カタラーニ（同）、ガーシュイン（同）

【4年に1度しか誕生日が巡ってこない作曲家・演奏家】

2月29日生まれのジョアッキーノ・ロッシーニ（１７９２－１８６８／イタリア）、ロシアの名バス歌手イワン・ペトロフ（１９２０－）、アメリカのバンド・リーダー、トミー・ドーシー（１９０４－57）

【誕生日と命日が同じ作曲家　２人】

ヨハン・シュトラウス２世（１８２５－99／オーストリア）と、ジョルジュ・ビゼ（１８３８－75／フランス）の２人。

ともに、10月25日生まれ（生地は前者がウィーン、後者はパリ）、６月３日に亡くなっています（前者はウィーンで、後者はパリ郊外ヴージヴァルで帰天）。

【『3』に縁の深いビゼー】

オペラにこだわり、37年の生涯に26作ほど書いたものの、成功したのは最後の「カルメン」だけという悲劇の作曲家、ビゼー。その初演は1875年の3月3日。作曲後3ヵ月間に33回の上演を果たしますが、33回目の上演中、第3幕「カルタ占い」の場面で、カルメン役が実際にやってみたところ、出たのは「凶」。その時間に、36歳のビゼーは息を引き取っていました。

それは6月3日のことでしたが、奇しくもその日は、妻ジュヌヴィエーヌとの6回目の結婚記念日だったそうです。

【ロシア5人組】

19世紀後半、真に国民的な音楽の確立を目指したロシアの作曲家グループ。バラキレフを中心に、キュイ、ムソルグスキー、ボロディン、リムスキー＝コルサコフの5人です。

【フランス6人組】

20世紀初頭（1917－20）、反ロマン、反印象主義の傾向から生まれたフランスの若い作曲家グループ。ミヨー、オネゲルを中心に、オーリック、プーランク、デュレ、タイユフェルの6人。批評家アンリ・コレが、ロシア5人組になぞらえて、名づけました。

【作曲の早さ】

仕事の速いことで話題になるのは、ロッシーニの歌劇「セビーリャの理髪師」（全2幕／1816年）が、僅《わず》か13日間での完成。同じロッシーニは「泥棒かささぎ」序曲を、初演前夜に一晩で書き上げました。モーツァルトは歌劇「皇帝ティトウスの慈悲」（全2幕）をたった18日間で、また「ドン・ジョヴァンニ」序曲を、ロッシーニと同様、初演前夜に仕上げています。また最後の名曲と言われる交響曲「第39番」「40番」「41番〈ジュピター〉」の3曲は、合計42日間で完成させました。

――まあ、限《きり》がありません。この辺でペンを置かせていただきましょう。

忘れられない「初演」秘話

成功例と失敗例が交錯する「初演」

『クラシックの名曲といえば、長い歴史を乗り越えて生き残った作品なのだから、内容的にすばらしいのはもちろん、発表したときには大変な話題になったのだろうな』『あ！　その時代に生きていたら、興奮に包まれた発表会場の様子や新聞などの評判がどんなものだったかを直《じか》に確かめられたのに、残念！』――そんな想像に駆られることが、私にはよくあります。

でも考えてみると、物事すべて、最初からうまくいくとは限らないのですよね。音楽だって多分同じで、すぐに理解され成功した例もあれば、初演に失敗した例だって、きっとあったはずです。どんな曲がどう迎えられたのか、初演にスポットライトを当てて「印象的で忘れられないケース」を紹介してみましょう（カッコ内は初演年）。

まず、成功例として名高い初演は、ドビュッシーの「牧神の午後への前奏曲」（１８９４年）、ガーシュインの「ラプソディ・イン・ブルー」（１９２４年）、Ｒ・シュトラウスの歌劇「サロメ」（１９０５年）、ブルックナーの「交響曲第４番」（１８８１年）、ベートーヴェンの「交響曲第９番〈合唱付き〉」（１８２４年）、モーツァルトの歌劇「魔笛」（１７９１年）、「ドン・ジョバンニ」（１７８７年プラハ）――などです。印象主義の作風を確立した「牧神――」と、ジャズを取り入れた「ラプソディ――」は、作曲者を一躍有名にした作品ですし、「サロメ」「第九」「ドン・ジョバンニ」は、有名作曲家による新作とあって、前評判からして高かったものです。

一方、失敗例の代表格には、ヴェルディの歌劇「椿姫」（1853年）があります。結核で死ぬ主人公ヴィオレッタ役を、肥満の歌手が演じたり、役に不満のバリトン歌手が投げやりに歌ったりしたことに加え、娼婦が主人公であることが戸惑いを招き、お世辞にも「成功」とは言えませんでした。

チャイコフスキーの「ヴァイオリン協奏曲ニ長調」（1881年）は、指揮者や楽員たちの気乗りしない演奏が不評でしたし、ストラヴィンスキーのバレエ音楽「春の祭典」とプロコフィエフの「ピアノ協奏曲第2番」（1913年）も、共に響きが斬新過ぎて失敗。ベートーヴェンの歌劇「フィデリオ」（1805年）は、ナポレオン軍のオーストリア侵略と初演の時期が重なり、客席には言葉の分からないフランス人がいただけでした。ロッシーニの歌劇「セビーリヤの理髪師」（1816年）も成功とは言えません。

歴史的スキャンダルの代名詞になった巨匠の作品も

右に挙げた作品のうち、「春の祭典」と「セビーリヤの理髪師」は、歴史に残るスキャンダルとなるだろう、と言われています。「春の祭典」の初演が行われたのは1913年5月19日、パリのシャンゼリゼ劇場でしたが、幕が上がるとまもなく、怒り出した聴衆のキャット・コール（猫の声の野次）が始まり、これが大きくなって、オーケストラの音も聞こえなくなるほどに。一方で「静かにしろ！」の声も起こりますが、それが野次派の声と対立して会場は真っ二つ！　興奮して立ち上がった客が、前の席にいた客の頭をボコボコにしたり、罵《のの》り合ったり。聴衆の声の激しい応酬が続きました。1階と2階の客の怒鳴り合い、「16番街の淫売婦！」といった下品な野次。鎮めようとして、ライトを点滅する照明係。そんな中で平然と指揮棒を振り続ける指揮者ピエール・モントゥ——と、ともかく大変な演奏会になったそうです。

なぜそうなってしまったかというと、曲の持つ斬新な響きと内容に、パリの聴衆がびっくりしたからでした。作品は原始時代の「いけにえの儀式」を描いたものなのですが、裸に近いいけにえの女性たちの登場も異色なら、付けられた音楽の野蛮な感じ——大胆な不協和音の多用と、変拍子（4分の4、5分の7、8分の7、8分の9などが、次々と入れ替わる）を使った強烈なリズム変化——などが、チャイコフスキー流のロマンチックなバレエに慣れていた人々には〝とても受け容れられないもの〟と映ったのです。このとき以来「原始主義」の異名を被《かぶ》せられたこの作品、今聴いてみると、それほど野蛮な感じはしません。

一方、「セビーリャの理髪師」の場合は、反対派による妨害工作が失敗の原因でした。39作の歌劇を書いたロッシーニの、第17番目にあたるこの歌劇は、フランスの作家、ボーマルシェの戯曲をもとにしており、先輩・モーツァルトの「フィガロの結婚」の前編にあたる話が内容となっています。モーツァルトの作が人気となったので、順序は逆ながら前編の話を一つ作り上げ、1816年2月20日にローマのテアトロ・アルジェンディーナ劇場で初演したのですが、じつはこの〝前編の話〟は、彼より先輩のパイジェルロ（1740－1816／イタリア）が1782年に発表し、それなりの人気を集めていたのです。しかも初演時にロッシーニはまだ生きていましたから、支持派は「若造が、なんて生意気なことを」と大憤慨！露骨な妨害工作が行われました。

演奏が始まるとヤジが飛び交い、口笛が吹かれ、大声でわめく男が現われ——と、たちまち大混乱に陥りました。それでも何とか演奏は続けられたのですが、第1幕の終わりが近づいたそのとき、突然、一匹のネズミが舞台の上に放たれたのです。逃げ口が分からないネズミはあちこちと舞台を走り廻りました。そこへ今度は猫が投げ込まれましたからたまりません、いわずもがなの大騒動となって、あえなく初演は大失敗に終わったのでした。しかし、内容の出来が否定されたわけではなく、2回目以後の公演はいずれも大好評で、いつの間にかパイジェルロの作品を忘れさせるほどに定着し、現在に続いています。妨害工作にパイジェルロ自身がどのくらい関与したかは定かでありませんが、それから3ヵ月半後の6月5日、パイジェルロは不遇のうちにナポリで亡くなっています。

作曲者の意図と異なる反応を示した聴衆

さて本項の末尾に、成功・失敗とは別ですが、ちょっと珍しくて忘れられない2つの初演をご紹介しておきましょう。

一つは、近年人気のフランスの作曲家、エリック・サティの「家具の音楽」の初演です。作品の多くに奇妙な題名を付けたり、さまざまな奇行を重ねたりしたサティについては別項でも触れますが、1979年に草稿が発見され録音もされていた「家具の音楽」は、「コンサートなどで意識して聴かれるものではなく、家具のように〈存在していても意識されない〉を音楽表現で」と意図してサティが書いた、1020年の作品です。初演はその年の3月8日、パリにあるバルバザンジュ画廊で行われました。会場では3つのコーナーにクラリネット奏者を一人ずつ配し、残るコーナーにピアニスト、特別席にはトロンボーン奏者というシフト。プログラムには「休憩中に演奏される音楽には、一切気をとめないでください」と注意書きが加えられていました。そしてコンサートが休憩に入ると、サティは早速、作曲しておいた「家具の音楽」を演奏させたのです。しかし演奏が始まると人々は席へ戻り、お喋りを止めて音楽を聴こうとし始めました。思惑が外れたサティは慌《あわ》てて会場内を駆け回り、「さあ、さあ、お喋りを始めて！　歩き回って！　聴くんじゃない！」と怒鳴り散らしたものの、効果はなかったそうです。「家具の音楽」はなるほど、真面目に聴くほどではない、繰り返しを中心にした断片的な小品でした。今日でもその一部をＣＤで聴くことは可能です。

もう一つは、ラヴェルの「高雅で感傷的なワルツ」です。現在ではオーケストラ曲として有名ですが、もともとはピアノ曲として書かれたもので、初演は１９１１年5月9日に、パリで行われました。「独立音楽協会」という団体の主催によるこのコンサートでは、当時活躍中だった8人の作曲家が新作を発表するということで話題となりましたが、曲目に付くはずの作曲家名が記されておらず、聴衆には曲目だけを記した紙片が配られました。じつはこれ、〈作曲者が誰か、分かったら記入してください〉という〝クイズ形式〟で聴衆に作曲者を当てさせる初めての試みでした。「高雅で感傷的なワルツ」は、シューベルトの例に倣って書いたという8曲のワルツ集でしたが、ラヴェルは自作をこのクイズに参加させたことを誰にも知らせず、澄ました顔で客席にいました。取り巻き連中は、ピアニストのルイ・オーベールが演奏を始めると、「変な曲だな」と小声で嘲《あざけ》りながらあれこれと作曲者を推測しましたが、ラヴェルは終始、ポーカーフェイスを守り続けたそうです。

この曲の題名に騙《だま》されるな！

営業上の理由から付く曲名もある

新聞・テレビのニュースを見ていると、相変わらず減らないのが〝オレオレ詐欺〟とか〝振込サギ〟の横行です。善意の老人や疑うことを知らない人たちを騙《だま》す悪い奴、まったく許せませんね。アタマを使うならもっと建設的な方向に向けたら、出世でも成功でも容易に手に入れることができるだろうに、と残念でなりません。

考えてみると、この「騙す」「騙される」という2つの立場は、犯罪のように「悪」が生む相関関係というだけでなく、「善」に繋がるケースもなくはないと思われます。例えば、落ち込んでる人に希望を与えるためにつく「ウソ」などはそうですし、笑わせるためにつく「ウソ」、元気づけるための「ウソ」、驚かせるための「ウソ」など、日常生活を活性化させ、相手に悪く思われない「騙し」も、結構あるような気がします。

では、これから興味を持っていただこうという「クラシック音楽」についてはどうでしょうか。ええ、じつはあるのですよ、誰もが真っ先に目を向ける「題名」に、悪意のないウソや騙しがあるのです。

何の場合もそうですが、初めて出会うときにまず目を止めるのは、お相手の方の外見ですよね。一目見て「好き」とか「嫌い」、「気に入る」「気に入らない」が一瞬でピンとくるものです。次の段階で対象者の中身や人柄など内面的なものを徐々に知り、やがて全体的な判断へと繋げます。

クラシック音楽の場合には、まず目に入ってくる「題名」が〝外見〟に当たります。因《ちな》みに、何か知っている曲名を思い浮かべてみてください。次の瞬間、こんなことに気がつくのではありませんか？『そういえば、自分の知っている曲はたいてい、分かり易く、覚え易い題名の付いた曲が多いようだ』と。例えば「運命」「英雄」「ジュピター」などなど——もちろんそれだけでなく、「……ハ短調作品2」とか「……協奏曲第1番作品51」といった具合に、曲の種類や調性、作品番号だけという、訳の分からない題名にも関心をそそられることはありますが。

クラシック音楽作品には、交響曲とか協奏曲とか室内楽などの曲種、「何の調性（ハ長調とかロ短調など）で書いたか」という、作曲家自身による選択・調性を表わす題名と、楽譜が出版されたときに付く「作品番号」が、まず基本にあります。「交響曲第1番ハ長調作品」といった題名がそれです。

でも、これではどうも、印象が弱い感じが拭えないので、作曲家によっては「こういうつもりで書いた」「これを表わしている」という意味を込めて、「田園」とか「英雄」といった分かり易い題名を付ける作曲家もいます。全体的に言えば、分かり易い題名がついているのは、歌曲やセミ・クラシックの小品がほとんど。器楽曲では、基本的な題名の方が圧倒的に多いと思われます。しかしそれでは興味を持ってもらえないので、出版社やレコード会社では何かとポピュラーな題名を付けたがります。例えば、メンデルスゾーンの人気ピアノ曲に、「無言歌」（51曲）というのがありますが、ほとんどの題名は出版社が付けたもの。作曲者自身による題名付けは10曲くらいしかありません。つまり、題名選びは営業上の理由によるのですね。

それからまた、作曲者たちのまったく関知しないところで、周囲の人や後世のファンなどが付けた「俗称」「通称」「愛称」という類の題名もあります。これは曲が書かれた当時の経緯《いきさつ》とかエピソード、ちょっとした曲の特徴を捉えて、誰かが付けているもの。別項にも出てきた「別れの曲」「戦争交響曲」をはじめ、ヘンデルの「調子のよい鍛冶屋」や、「未完成交響曲」「キラキラ星変奏曲」「四季」「月光ソナタ」「雨だれのプレリュード」など、おなじみの曲がたくさんあります。私たち自身も、そうした俗称によって曲名を知ったり覚えたりしたのではなかったでしょうか。

「作曲は別人」「異名同曲」「同曲異名」も……

さて、前置きが長くなりましたが、私たちが親しみ易い題名で覚えた曲の中にはちょっとややこしい、または紛《まぎ》らわしい題名の曲もありますので、〈覚える際に注意して区別しておきたい曲〉のいくつかをご紹介しようと思います。「もう知っているよ」と言われる方もありそうですが、どうでしょうか。

まずは、作曲者の名前が付けられてはいるものの、じつは別人が書いた「モーツァルトの子守歌」と「ハイドンのセレナード」。

前者はモーツァルトの死後、手元に楽譜があったため彼の作と思われ、ケッフェルも「K350」と整理番号を付けましたが、後にハンブルクの図書館からその曲の草稿が出てきて、〈ベルリンの医師、ベルンハルト・フリースが、音楽好きのゴッターという詩人の詩に曲を付けたものと分かりました。既に世界的に普及した後だったため、題名はそのまま、作曲者名だけをフリースに変更しているのが現状です。

また後者は、80数曲も書かれたというハイドンの「弦楽四重奏曲」の一つ、第17番へ長調（全4楽章）の第2楽章「セレナード」が独立して有名になったものですが、これも後の研究により、ハイドンを敬愛するオーストリアの修道士、ロマン・ホフシュテッターの作品と分かりました。現在ではやはり作曲者名だけが訂正され、広く愛聴されています。

次に、シャンソンとしても歌われているマルティーニの「愛の喜び」という歌曲について一言。同じ題名を持つクライスラーのヴァイオリン曲と共にかなり有名で、メロディーの美しさや題名との連想から、今も結婚式などで使われています。しかしこれは絶対にダメ、使ってはいけない曲なので、注意しなければなりません。問題は歌詞の内容にあります。〈愛の喜びはほんのひとときのこと。愛の悲しみは一生続く。不誠実なシルヴィアなど忘れてしまおう。彼女は私を捨てて、ほかの男の元へ走ってしまった〉という、女性に振られた男性の〝未練がましい気持ち〟を歌ったものなのです。歌詞の最初のひと言が、どういうわけか題名になってしまったのですね。いい曲ですが、さすがに結婚披露の席ではNGでしょう。

「題名は違うけれど、聴いてみると同じ曲じゃないか」（異名同曲）というのもあります。芸能人や作家が持つ〝芸名〟や〝ペン・ネーム〟に相当する曲がそれで、意外にもたくさんあるのです。

その好例は、フルートの名曲として知られるポールジュナンの「ヴエニスの謝肉祭」と、パガニーニの無伴奏ヴァイオリン曲「ブルレスク変奏曲」、ショパンの「パガニーニの思い出」の3曲で、いずれもまったく同じもの。楽器が違うだけです（もともと、ヴェニスの民謡が転用された曲でした）。

また、リストの「ハンガリー狂詩曲第15番イ短調」と、ベルリオーズの「ラコッツィ行進曲」も、同じハンガリーの古い国民歌がベースになっているので、結果としては〝酷似した曲〟となりました。

異名同曲には他にも次のようなものがあります。

・バレエ音楽として人気の「レ・シルフィード（風の精）」は、ショパンのワルツや前奏曲、ノクターン、マズルカなどをピックアップしてオーケストラ用に編曲したもの（編曲者はストラヴィンスキー、ラヴェル、グレチャノフ、デゾミエールなど、いろいろ）
・ヴィエニアフスキのヴァイオリン曲「モスクワの思い出」は、ロシア民謡「赤いサラファン」を、そっくりヴァイオリン曲にしたもの
・チェロの名曲として知られているサン＝サーンスの「白鳥」（組曲「動物の謝肉祭」の中の一曲）は、バレエの世界では「白鳥の死」、あるいは「瀕死の白鳥」の題名で踊られている

——など、あれもかよ、これもかよ、という感じ。知らないと混乱すること必定ですね。

ではついでに異名同曲の逆、「同名異曲」はどうかというと、これもあり過ぎて困るほど！　よく知られている例として、「アヴェ・マリア」という歌にはグノー、シューベルトをはじめ約10曲の名作がありますし、「四季」はヴィヴァルディ、グラズノフ、チャイコフスキー、ハイドンに同じ題名の作品があります。「春」はベートーヴェンとショパンが名曲を遺している——といった具合で、際限がありません。

そのほか、「変わった名曲」の項に登場した「スペイン交響曲」「イタリア協奏曲」「郵便馬車」なども含めると、厄介な題名が何と多いことでしょう。でも、だからこそ、一度興味を持ち始めると面白さにハマる、とも言えるのではないでしょうか。

「未完の名曲」を探ってみれば

どんな仕事でもどんな制作物でも、普通は終了・完成して初めて、評価されたり気に入られたりするものですよね。いや、「有名人や大家が作ったとか書いたのなら中途半端なものでもいい」という見方もあるでしょうし、素材が金やダイヤモンドなど貴金属の場合は、それだけでも価値があるかもしれませんが、まあ一般的には、未完成な制作物は無視され、忘れ去られるのがオチでしょう。

ところが音楽の世界では、未完成でも世界的に知られて人気のある曲、あるいは作者が作曲の途中に亡くなり、未完の曲を弟子や友人が完成させて世に出し、それが「名曲」と評価されている——という例がいくつかあります。その一端は「変わった作品」の項に登場しましたが、ここではその他の名曲をまとめてご紹介します。

シューベルトの「未完成」が「交響曲第7番」になるまで

筆頭は、何と言ってもシューベルト（1797－1828／オーストリア）の交響曲第7番ロ短調「未完成」でしょう。その名のとおり（といっても俗称ですが）、通常は4楽章で構成されるべき交響曲の半分、2楽章までしかないにもかかわらず、聴いてみるとこれが完成品のように美しく、聴き応えも十分、時間的にもおかしくない長さ（約20分）を持っているのです。

この曲は、シューベルトが亡くなってから37年も経った1865年に、グラーツで音楽協会の指揮者をしていた、アンセルム・ヒュッテンブレンナーの手許で発見されました。発見したのはウィーンの合唱指揮者ヨハン・ヘルベックで、彼はその頃盛りあがっていた〈シューベルト再評価〉の動きに合わせてあれこれと調べているうちに、偶然2つの楽章の楽譜を発見したのでした。シューベルトに続きを書く意志はあったらしく、第3楽章スケルツォは最初の1頁（9小節）の総譜と、トリオ部分前半のピアノ譜（16小節、トリオの前半の反復記号まで）が残されていました。オリジナルのピアノ譜に記された日付によると、曲作りは1822年10月に着手されたらしいことから、死によって中断されたのではないことは明らかです。

それにしても、なぜヒュッテンブレンナーの手許で発見されたのか――当時シューベルトはヒュッテンブレンナーによってグラーツ音楽協会の名誉会員に推薦されていたらしく、慣例ではその返礼として何らかの作品を提出することになっていました。シューベルトも〝返礼用〟の作品が出来上がるたびに、ヒュッテンブレンナー宛に送っていたようですが、第2楽章まで送られた後は、一向に届きませんでした。残りを待っているうちに双方とも忘れてしまい、とうとう2人とも亡くなってしまった、ということのようです。

では、どうして未完のまま放置されることになったのか。ここから先の事情はいささかミステリー染みていて、「2つの楽章があまりにもよく書けたため、以下の必要がないと判断した」とか、「その頃シューベルトはエステルハーツィ家の令嬢に失恋し、そのショックから書けなくなったのだ」（この説は、1933年のオーストリア映画「未完成交響楽」によって流布しましたね）、「その頃ベートーヴェンを聴いて圧倒されたから」「4分の3拍子の第1楽章、8分の3拍子の第2楽章と、3拍子系の楽章が続いたので、そのあとにメヌエット、あるいはスケルツォという3拍子系の楽章がくると纏《まと》めにくい、と考えたから」――など、さまざまな説が飛び交っていますが、真相は今なお依然として謎のままです。そしてそのことがまた、この曲の人気を高めていると言えそうです。

なお「未完成」はこれまで、シューベルトが書いた9曲の交響曲のうちの「第8番」に位置付けられてきましたが、最近では「第7番」とされています。1978年に「国際シューベルト協会」が、彼の没後150年を記念して出した「改訂版・年代順作品目録」によって訂正されたことによる変更で、それによると〝ピアノ譜だけの「第7番」（1934年に発見）は「完成版でない」として除外され、第8番「未完成」と第9番「ザ・グレイト」をそのまま繰りあげて第7番、第8番とするようになりました。市場ではまだ「第8番『未完成』」と表示されたレコードを見かけることがあります。ご注意を！

晩年を「フーガの技法」で対位法の集大成に懸けたバッハ

もう一つ、〈書きかけのまま演奏されることが当たり前〉になっていて有名なのは、J・S・バッハ（1685－1750／ドイツ）の「フーガの技法」（BWV1080）という作品です。「フーガ」とはバッハが得意とした作曲技法と曲のことで、分かり易く喩《たと》えると「輪唱」をもう少し複雑にしたようなもの。輪唱は、一つのメロディーが歌われると、少しずらして別の人が追いかけるように歌い、シーソーゲームのように歌われた後、最後もずれたまま終わるという、誰もが一度はやった覚えのある歌唱法ですよね。「フーガ」の方は、ずれて入るものの、やがてからみ合い発展し、新局面を生み出してクライマックスを築くという、内容の濃い合唱技法で、幾何学的・数学的な面白さのある楽曲とされています。

バッハは、古くから知られていたこの手法（対位法）を、オルガンやチェンバロ曲を通してあれこれと実験・工夫し、多くの作品を書きました。そして、集大成として「フーガの技法」を１７４０年代から死の年１７５０年にかけ、まとめています。しかし、締めくくりに近い部分まで来たとき、脳卒中の後遺症による極度の視力低下と、回復を念じて受けた手術の失敗によって心臓発作を起こし、亡くなってしまいました。

作品は、題名が示すように、彼が得意にしたフーガのさまざまな技法（形）を示したもので、基本の主題をもとに、アルト・ソプラノ・バス・テノールの声部が次々と入っていく「単純フーガ」（4曲）、応答主題が逆の動きをする「反行フーガ」（3曲）、新主題が加わる「多主題フーガ」（4曲）、輪唱に近いカノン（4曲）、鏡のような投影が見られる「鏡像フーガ」（2曲）、2台のクラヴィアのためのフーガ（1曲）、そして未完に終わった「3重フーガ」（1曲）と、合計19曲から構成されています。おそらくはこの後、基本主題をもとにした壮大な「4重フーガ」で終わることを構想していたのでしょうが、1時間を超える既作部分を聴くだけでも、バッハの精密さと構成力にはただただ圧倒されます。『もしかしたらバッハは、技法の集大成を試みながら、その中に宇宙的な秩序とか調和美の世界を思い描いていたのではないか？』と思えてなりません。

なお、この作品には一部を除いて、楽器の指定がありません。そのためか後世の演奏形態にはチェンバロ、オルガン、ピアノ、弦楽合奏、管弦楽など、いろいろな形によるものがあります。

葬儀ミサ用「レクイエム」を作曲中に帰天したモーツァルト

さて次は、〈作曲途中に作曲者が亡くなり、別の人物が完成したものが現在聴かれている名曲〉にも触れておきましょう。

代表的な一曲を挙げますと、ウォルフガング・アマデウス・モーツァルト（1756－91／オーストリア）が、死の間際に書いていた「レクイエム（鎮魂ミサ曲）」（K・626）です。（Kは、L・ケッヒェルによる作曲年代順の整理番号）。「レクイエム」とは、カトリック教会における「葬儀ミサ用音楽」のこと。ラテン語のミサ典礼式文を基にした歌詞により、一定の音楽形式によって歌われるようになっていますが、出だしが『レクイエム……』と始まるため、一般に「レクイエム」と呼ばれています。

モーツァルト以外にもベルリオーズ、ヴェルディ、ブラームス、フォーレら多くの作曲家が書いていますが、モーツァルトの曲はフォーレのそれと並んで特に人気があります。しかし完成したのは約半分で、「入祭文」「主よ、憐み給え」「続唱」「奉献文」「聖なるかな」「神の子羊」「聖体拝領」という全体構成のうち、「続唱」の部分の最後「ラクリモーサ（涙の日）」の8小節まで。残りは、弟子であったジュスマイヤーが、楽想の断片を手掛かりに2ヵ月かけて完成させました。これが現在聴かれているモーツァルトの作品「レクイエム」の全形です。

作曲のきっかけとなったのは、モーツァルトがカネに困っていた1791年7月――死の4ヵ月前――に、灰色の服を着た不気味な風体の人物から、高額の謝礼で曲作りを依頼されたことでした。既に体調が悪く、目まいや卒倒を繰り返す状態でしたが、「これは自分のために死神が頼んできたのだ」と思い込んだモーツァルトは昼夜を忘れて作曲に没頭、最後は寝たままの奮闘もむなしく、12月5日の未明、35歳の生涯を閉じたのでした。死因は「急性粟粒疹熱」とされましたが、あまりにも早すぎる死に〝毒殺説〟も出て、後世に謎を残しました。依頼してきた男はある伯爵の使いで、〈亡くなった妻のために自作として発表しようとした〉ことが、後に分かりました。何にせよ、〈葬儀用の音楽を作曲中に、本人が亡くなった〉という珍しいケースですが、遺された作品そのものは非常に感動的な曲です。

また歌劇（オペラ）の名作として人気のいくつか――オッフェンバックの「ホフマン物語」、ボロディンの「イーゴリ公」、プッチーニの「トゥーランドット」など――も、完成を待たずに作曲者が亡くなったため弟子などの手で仕上げられ、今日聴かれる形になっています。長大な構想の作品を作曲中、もう少しというところで亡くなった作曲家の心情を思えば、これは当然ですよね。

ついでですが、〈現在聴かれている形は作曲者によるオリジナルでなく、別人の手が加わったもの〉というケースもあります。これも一種の「書きかけ」と言ってよさそうです。例を挙げてみますとベートーヴェンの「交響曲第9番（合唱付き）」は、1840年にワーグナーが手を加えたものを基本に、現在でも指揮者たちが少しづつ修正することが多い曲ですし、ガーシュインの名曲「ラプソディ・イン・ブルー」も、管弦楽部分はグローフェの作曲です。さらにノヴァーク、ハース版などがあるブルックナーの交響曲、ベルリオーズの編曲で有名なウエーバーの「舞踏への勧誘」、ウッドの手で蘇《よみがえ》ったクラークの「トランペット・ヴォランタリー」など、完成までの経緯が似た作品は、少なくありません。

第三楽章

こんなとき聴きたいクラシックの名曲

Op. 1　TPO別に選ぶ曲種と演奏形態

クラシックに登場する珍客たち

「題材」探しは自由だから

クラシック音楽という分野は、何といっても膨大・多彩なことが一番の特徴といえそうです。確認できる歴史だけでも1000年以上の古さをもち、よく聴かれる名曲に絞っても400年以上の範囲のヨーロッパ音楽が対象。曲種も交響曲とか協奏曲、管弦楽曲、室内楽曲、独奏曲、声楽曲、歌劇、宗教音楽に及びます。登場する作曲家だって、少なくとも3000人。書かれた作品となったら、おそらく30万曲を下らないでしょう。

ですから、〈すべてを知る・聴く〉なんてとても無理な話です。専門家も私たちファンも、ごくごく一部を取り上げてあれこれ言っているに過ぎません。でも逆に言えば、それだからこそ面白いのでしょうね。

誰もが〈好きな角度から自由に、限りなく個性的にアプローチでき、それなりの楽しみ方を見つけ、満足感を味わっている〉のが現実といってよいかもしれません。あなたは、いかがですか？

私などは、あれこれと好きな曲を聴いているうちにふと、自分が作曲家になったような気分になる――作曲の技術を身に付けていて、さて何を書こうか、とテーマを探している――ことがあります。妄想ですよね。妄想・空想の中でどんなことを考えているものなのか、その一端をご披露しましょう。

作曲家の世界には、既に大勢の先輩たちがいます。同じことを題材にしたのでは「模倣」と言われるに違いありませんから、それらと違うものを見つけなければならないでしょう。そこでまずは、『諸先輩がどんな題材を扱っているか、実態を調べてみることにしよう』と決めます。事典などを覗《のぞ》いてみますと、あるわ、あるわ、大から小までいろいろなテーマ・題材が出てくるではありませんか！　そう、偉大な先輩たちも同じ人間ですもの、『考えることはオレと大して変わらないんだ』と、ちょっぴり親近感を持ったりします。

『それにしても、いったいどんな題材が扱われているのかな？』と気になるので、〝ちょっと変わったテーマ〟〝クラシック音楽に登場する珍客〟の類《たぐい》を、以下にピックアップしてみましょう。

「神」から「蚤」まで〝珍客〟たちの多士済々

まず最も大きな題材といえば「神」。〈天地の創造主にして全知全能、完全無欠な永遠不滅の存在〉です。ワーグナーの連作歌劇「ニーベルングの指環」には「天上の神々」が登場しますが、こちらは古今の宗教曲が取り上げる「（父と子と聖霊という）三位一体の神」よりは、〝八百万《やおよろず》の神〟的な〝人間を超えた存在〟がテーマなので日本人にとっては親しみやすいかもしれません。ついでに触れておくとこの歌劇には、ワルキューレという〝天馬にまたがり、天空を駆け廻る神の娘たち〟も出てきます。「神」に次ぐ巨大なテーマは「宇宙」です。これを扱うのはG・ホルスト（イギリス）の組曲「惑星」と、ヨーゼフ・シュトラウスの「天体の音楽」。「惑星」は、太陽を巡る7つの惑星を占星術と絡《から》めて描いた管弦楽曲ですね。「天体の音楽」は、ワルツ一家・シュトラウス家の次男ヨーゼフのワルツ曲です。同じ宇宙の月や星に因《ちな》む曲はワンサとあるので省略。

さて、この世に存在する被造物のうち「生物」からも、巨大な存在が多く取り上げられています。その代表格は「象」です。これはサン＝サーンスの組曲「動物の謝肉祭」の第5曲、ドビュッシーのピアノ曲集「子供の領分」の第2曲「象の子守歌」（ただし、こちらは人形の象）が、よく知られています。

象に次ぐ大型動物として登場するのは「馬」。グローフェの組曲「大峡谷」の第3曲「山道を行く」と、スッペの「軽騎兵」序曲、ブルグミュラーのピアノ曲「貴婦人の乗馬」などの曲が浮かびます。らくだは、ボロディンの交響詩「中央アジアの草原にて」中に現われる珍客。

中・小型動物に目を転じると、羊はリヒアルト・シュトラウスの交響詩「ドン・キホーテ」と、同じ作曲家の「アルプス交響曲」に登場します。鹿はプーランクのバレエ組曲「牝鹿」。こうもりはJ・シュトラウス2世のオペレッタ「こうもり」（本物でなく、登場人物のあだ名です）。鼠《ねずみ》はチャイコフスキーのバレエ音楽「くるみ割り人形」の中の「くるみ割り人形と鼠の王様」、ヴォルフの歌曲「ねずみをとる男」に出てきますね。登場する動物のうち最も小さな主人公は、ムソルグスキーの歌曲「蚤《のみ》の歌」に出てくる蚤にとどめを刺すと思われます。

動物では他にも、ショパンの「子犬のワルツ」や、ロッシーニの「2匹の猫のふざけた二重奏」、フランソワ・シューベルトの「蜜蜂」、リムスキー＝コルサコフの「熊ん蜂の飛行」、ドビュッシーの「金魚」、ハイドンの交響曲「熊」（第82番）、サン＝サーンスの組曲「動物の謝肉祭」の中で群れるライオン、おんどりとめんどり、騾馬《らば》、亀、カンガルー、かっこう、白鳥。エドアルト・シュトラウスの「蛍」――など、大・小いろいろな生き物が浮かびます。

こういったテーマの他に、珍しい楽器のための曲を書いて歴史に刻まれた次のような例もあります。

・シューベルトの「アルペジョーネ・ソナタ」、モーツァルトの「グラス・ハーモニカのための五重奏曲」K617、「アダージョ・ハ長調」K356、「幻想曲ホ短調」。
・電子楽器オンド・マルトノのためのメシアン「トゥランガリラ交響曲」や、ジョリヴェの「オンド・マルトノ協奏曲」。
・ハーモニカのためのヴィラ＝ロボス「ハーモニカ協奏曲」。自動演奏楽器パンハルモニコンのためのベートーヴェン「ウェリントンの勝利」（通称「戦争交響曲」）。
・チェレスタのためのバルトーク「管弦楽・打楽器・チェレスタのための音楽」。
・マンドリンのためのベートーヴェン「ソナチネ」「アダージョ」
――などが、それ。ついでながら日本の武満徹さんの「ノヴェンバー・ステップス」だって、琵琶と尺八が独特の音色を聴かせて世界的になったのでした。

ともあれ、題材から察しられる作曲家たちの努力の跡のなんとユニークで、変化に富んでいること！それだけでなく、楽器や技法などを含めると、第二次大戦後にはさらにいろいろな試みも生まれて、小節線廃止の試みや、音符でない設計図のような楽譜、電子音なども登場し、ついにはジョン・ケージの「4分33秒」ような、「無音の偶然音楽」までも現われました。それでも終わらずに作曲家たちはなお、前進を続けているのです。

「クラシックの作曲家たちって大変なんだなあ！」……　私の妄想が急速に萎《な》えていくのを感じます。

モーツァルトだけではない〈癒《いや》しの調べ〉

「心地よい音」が求められる現代だから

喫茶店を経営し、一日中音楽に囲まれた生活をしていると、「いいですね、毎日音楽が聴けて」とか「よほど音楽が好きなのですね」といわれることがあります。「嫌いじゃないけど、飽きるときもありますよ」「たまには音のない生活がしてみたいですね」なんて答える私。実際、お客さんが途切れた時間帯に音楽を止めて、あれこれと瞑想することがよくあります。

音、あるいは音楽と人間との関係というのは、あらためて考えると不思議ですよね。聴覚を失った場合は別として、誰でも何らかの音に囲まれ、音とともに生きています。あまりにも多くの音に慣れてしまっているゆえにそれが普通で、音がなくなったときのことなど考えたこともないのが普通です。

因《ちな》みに、音のない世界がどんな感じかを味わいたかったら、放送局やラジオ会社など音響実験をしている所へ行くといいですよ。たいてい「無響室」というのがあります。ドアを開け、中へ向かって声を出してみると、声を発したその口元からたちまち声が消えてしまう、という不思議な体験をすることができます。壁といわず天井といわず部屋中にセットされた発泡スチロールの突起が、音を吸ってしまうんですね。

音に囲まれ、音とともに生きるといってもその音は、雑音・騒音・強音・弱音・調和音・不調和音――といろいろ。慣らされたり耐えたりしながら、「心地よい音」「癒される音」を求めて、人間は「音楽」を考えついたのではないでしょうか。

古代の壁画などにも笛かハープらしい楽器を手にした人間が描かれていますが、実際に私たちが耳にできる音楽の始まりは、6世紀頃のグレゴリオ聖歌あたりです。そこから音楽はさまざまに変化発展し、ルネッサンス、バロック、古典派、ロマン派、国民楽派、20世紀、そして現代へと、私たちのクラシック音楽史は形成されています。

各時代に生み出された音楽が「どのように心地よく、癒しの効果があったか」は、貴族社会から一般社会へと変化した時代の様相とも関係しますが、19世紀以後、音楽が大衆のものになって既に200年も経った今、いささか出尽くした感じのあるクラシック音楽が、最近あらためて「癒し」の観点から注目を集めています。

というのは、〝ストレスの時代〟と言われる当世、誰もがいろいろなストレスを抱えて病んだり悩んだりしているなかで、それを和《やわ》らげる一つの方法として「クラシック音楽を聴くとよい」「有効だ」という研究があちこちで発表されるようになったのです。

もともと音楽が人や生物を癒し、和ませ、安心や成長を促す働きを持っていることは、古くから知られていました。ギリシャの神話「オルフェオとエウリディーチェ」では、亡くなった妻を取り戻そうと、冥界へ下っていく竪琴の名手・オルフェオが、転がる岩も途中で止まって聴き惚れるというほどの名演奏によって、次々と難関を突破する様子が描かれています。また古代のイスラエルでは、鬱病から精神異常をきたしたサウル王が、戦士ダヴィデの奏するハープによって回復した話が、旧約聖書の中にあります。

中国に伝わる「楽人ウェンの奏でる琴によって、季節が次々と移り変わっていく話」もよく知られていますね。インドにはバーンスリという横笛の持つ不思議な魔力（女性をメロメロにするから、夜には吹いてはならない）の話などが残されています。

もっと近い時代では、ナチス・ドイツがワーグナーの音楽を思想宣伝に使ったり、イタリア国民がヴェルディの「ナブッコ」、フィンランドではシベリウスの「フィンランディア」によって支配国に意思表示をしたり。さらには、工場における生産性が問われるようになった20世紀、コンベアの発達と並んで、従業員の精神的リラックスを促す各種のＢＧＭが開発されたことも、よく知られていますよね。

第二次大戦後、さまざまな精神的障害に対応する「音楽療法」という学問が一般化しましたが、それまで幼児とか、限られた患者を対象にしていた研究が、80年代以降になるとさらに精密な、幅広い層にも対応できるところまで研究が進み、アメリカなどでは、病気の種類別に「この曲を聴くとよい」などという指示まで出されているという話を聞いたことがあります。

緩徐楽章や歌曲にも見逃せない「癒しの名曲」が

日本では、没後２００年経った１９９１年頃からモーツァルトを評価する一大ブームが起こり、その少し前に発表されたフランシスラウヒャーのモーツァルト効果をはじめ、ゴードン・ショー、ドン・キャンベルらによる同様の研究成果を受けて、多くの専門家たちが、〈モーツァルトによる癒し〉を次々と主張するようになりました。

例えば、「モーツァルトの音楽は、聴きやすい3500～5000ヘルツ（振動）の間に強い音が収まった曲が多い。だから抵抗なく誰もが受け入れるのだ」とか、「彼の音楽は、緊張した体をリラックスさせる副交感神経に効率よく作用する。従って胃腸の働きがよくなり、新陳代謝も活発になって、便秘解消や、肌の若返りに役立つ。当然ストレスは溜まりにくくなるから、総合的に考えれば健康的によいのだ」――といった説が次々と現われました。

他にも、アルフレッド・トマスが唱えた「妊娠した母親のおなかにいる胎児は、10週間目あたりから外部の声や音楽を聴いている。モーツァルトの音楽には、母親の声に似た音域・周波数の部分が含まれているから、胎教のためにもよい」という説も、一部で支持されたものです。

人間だけではありません。福島・喜多方にある酒造メーカーでは、発酵の過程でモーツァルトの音楽をスピーカーから流しています。すると発酵が早まり、酵母の死滅が減って、雑味のない旨い酒が出来るとされ、これは私も飲んだことがあります。『蔵粋（クラシック）』と名付けたその酒は、なるほどすばらしい味でした。

じつのところ、こういう話は枚挙に暇《いとま》がありません。牛にクラシック音楽を聴かせて乳の出をよくしたとか、植物に聴かせて成長を早めているといった例が報告されていますから、まあ、本当なのでしょう。

ただ、私にとってちょっと気になるのは、皆さんがモーツァルトばかりを取り上げておられることです。なぜモーツァルトなのか、それ以外の作曲家ではいけないのでしょうか。

確かにモーツァルトの音楽は軽やかで聴き易い上、メロディーは美しいし、ベートーヴェンやブラームスのような堅苦しさもありません。時に悲しみに沈むような曲想があっても、それが心にフィットして勇気づけてくれます。子どものような素直さを喚起させたり、踊りたくなるような気分にさせたり、ゆったりした寛《くつろ》ぎのひとときを演出してくれたり——と、癒しの効果は確かにあります。

でもそれは、彼が生きた時代に貴族たちが音楽家を抱えて食事や宴会の背景を盛り上げ、心地よくするために書かせていたから。はっきり言って〈貴族の憩いや寛ぎのための音楽だった〉と知れば、癒しの効用もちょっと違って聞こえるのではないでしょうか。

それよりも、モーツァルト以後、音楽が大衆のものとなった19世紀にも目を向けてみれば、彼に似た、さらに内容も曲想も癒しにぴったりな音楽は、それこそいくらでも見つかりそうな気がします。早い話、「癒し」につながる音楽の要素とは何か、を考えてみると、「ゆったりとした曲想」「流れるような、爽やかな曲想・リズム」「極端な音の跳躍がない」「暗くないムード」「甘美なメロディー」「音量の強弱が激しくない」——などが浮かびます。これを基本に置いていろいろなジャンル・楽器・作曲家・地域・歴史などを概観してみると、結構ふさわしい曲が次々と出てきます。特に小品とか協奏曲の緩徐楽章、歌曲などに、見逃せない名曲が数多く見つかります。

そこで私は、具体的にそうした曲目をピックアップした紹介本を、最近上梓しました。動機となったのは、あるお医者さんが言われた「なぜモーツアルトか、だって？　答えは簡単、まだそれ以外は実験していないから。何しろ広い世界だからね」という言葉です。それにしても肩書きのある人が言うと、強いですね。モーツアルトが生きていたら大喜びしたことでしょう。

ロマンチストにお奨めの名曲

騙されたと思って、聴いてみてください

「あなたはロマンチストですか」――突然そう尋ねられたら、何と答えますか？　一瞬詰まった後「そうねえ、そうかも知れないな」ですか、それとも「違うね、リアリストだと思うよ」「そんなこと、考えたこともないから、分かんないよ」ですか？　いずれにせよ、ちょっと慌《あわ》てるかもしれませんね。

「ロマンチスト」はロマン、ロマンス、ロマンチシズムなどと同族の言葉ですが、要するに〈夢想・空想を好む人〉のこと。現実よりは、それを離れた甘美な世界に憧れる人をそう呼びます。そう定義すると、恋愛小説に首ったけの若い世代や、いつも何かに恋してる趣味人のようなタイプを想像しがちだからか、「ロマンチストだねえ」と評価されると「恥ずかしい」と思う心理が働き、否定的になる人が多いのだと思います。

それにしても――歳を取った今つくづくと思うのですが――男性って案外ロマンチストなんだなあ、という気がしてなりません。いや、私は元々、自分がロマンチストであることを認めていますが、周囲の年配男性を見ていてもそう感じるわけです。〝奥さん孝行〟であったり、花や植物や料理など、女性が好きなものを一緒になって趣味にしていたりする、そんな御仁が結構おられるのです。それにほら、巷でもよく言うじゃありませんか、「女性がロマンチストなのは、恋愛・結婚まで。それ以後は現実主義者《リアリスト》になる。

それに対して男性は、いつまでも恋愛した時の目で妻を見ている」って。

だから、〈表向きロマンチストではないと思っている男性も、本質はロマンチストなのだ。最近はそういう人が増えた〉と確信する私はいつの間にか、自分の店で流す音楽も、彼らが好みそうなロマンチックな曲を増やすようになりました。

「え？　ロマンチストが好みそうな音楽？　それ、どういう曲？」と、たちまちに質問・反論を受けそうですね。いや、定義などは何もありませんよ。あくまでもロマンチストを自認する私の勝手な判断による、ロマンチスト向きの曲です。言われてみて気がついたロマンチストのあなた、いや、これからクラシック音楽を聴いていこうと思い始めているあなた、まあ騙されたと思って、私が選んだ曲を聴いてみてください。「なるほど、ロマンチックだ！」と言っていただけると思いますよ。

選ぶなら、短め・ゆったりの美メロな曲

さて、具体的にどんな曲を、どんな基準で選ぶかですが、まず知っておいていただきたいのは、ひと口にクラシックと言ってもいろいろな種類・規模の曲があること。また楽器も1つから2つ、3つ、果ては大規模なオーケストラまで、いろいろな組み合わせを求める曲があること、さらに、時代的にも古いもの（17世紀）から新しいもの（20世紀）までがあり、作曲者もヨーロッパのいろいろな国にまたがっていて、膨大な数の曲があること——などです。

それからまた、曲の形や感じも多彩です。長いもの、短いもの、覚えやすいもの……加えて、複雑な

音の組み合わせのため聴いていて疲れてしまうもの、明るい感じのもの、暗い感じのもの。美しいメロディーをもったもの、悲しい感じのメロディーをもったもの。楽器だけのもの、声楽が入ったもの――など、どの選択肢を採ってもいろいろな該当曲があります。

私が選択の基準にするのは、比較的短い曲を中心に、ゆったりと美しいメロディーをもち、何度か聴くと覚えることができ、どちらかというと明るく（時には暗く）、聴き終えたときほっとする曲。楽器（あるいは声）の音色に魅せられ、聴くときのムードが盛りあがり、ともかくいい気分にさせてくれる――そういう曲のことです。

該当する曲はいくらでもありますから、以下に挙げるのはあくまでもその一部に過ぎません。日常の生活場面に合わせた形で、羅列してみました。

自然に惹《ひ》かれたとき――　ベートーヴェンの交響曲第6番「田園」、スメタナの交響詩「ボヘミアの野と草原より」（「わが祖国」より）、ドップラーの「ハンガリー田園幻想曲」、グリーグの「抒情組曲」より「羊飼いの少年」、ディーリアスの「北国のスケッチ」より「春のおとずれ――森の牧場と静かな荒地」、マクダウェルの「森のスケッチ」、ディーリアスの「春を告げるカッコウ」、ヴォーン＝ウイリアムズの「揚げひばり」、ドビュッシーの交響詩「海」、R・シュトラウスの「アルプス交響曲」

旅に憧れるとき――　リムスキー＝コルサコフの交響組曲「シェエラザード」、J・シュトラウスのワルツ「美しく青きドナウ」、ケテルビーの「ペルシャの市場にて」

思索するとき――　ショーソンの「詩曲」、J・シュトラウスの「死と変容」、バッハの「オルガン小曲集」「主よ、人の望みの喜びよ」、グノー、シューベルトらの「アヴェ・マリア」

恋をしたとき――　「忘れな草」「オーソレミオ」「彼女に告げてよ」などのイタリア民謡、サン＝サーンスの「ヴァイオリン協奏曲第3番」から第2楽章、バッハの「2つのヴァイオリン協奏曲」、ショパンの「ピアノ協奏曲第1、2番」、エルガーの「愛のあいさつ」

幸せを感じるとき――　モーツァルトの「クラリネット五重奏曲」「13管楽器のためのセレナード」、ワーグナーの「ジークフリート牧歌」、シューマンの歌曲集「ミルテの花」「詩人の恋」、メンデルスゾーンの「無言歌集」、ヨアヒムの「ノットゥルノ」、クライスラーの「愛の喜び」

童心にかえったとき――　シューマンの「子供の情景」、チャイコフスキーのバレエ音楽「くるみ割り人形」、フンパーディンクの歌劇「ヘンゼルとグレーテル」、フォーレの組曲「ドリー」、ドビュッシーの「子供の領分」、レオポルト・モーツァルトの「おもちゃの交響曲」

読書するときの背景に――　ブラームスの「弦楽六重奏曲」（第2楽章）、ラフマニノフの「ピアノ協奏曲第2番」（第2楽章）、ショパンとジョン・フィールドの「夜想曲」、サティの「ジムノペディ」ほかピアノ小品、モーツァルトの「ホルン協奏曲」

お酒を味わうとき――　ブラームスの「間奏曲」、ドビュッシーのフルート、ヴィオラ、ハープのためのソナタ」、テレマンの「無伴奏フルートのための12の幻想曲」、モーツァルトのフルートとハープのための協奏曲」

思い出を懐かしみたいとき――　グリーグの「過ぎた春」、ドルドラの「スーヴェニール（思い出）」、チャイコフスキーのヴァイオリン用組曲「懐かしい土地の思い出」「偉大なる芸術家の思い出」、ドヴォルザークの弦楽四重奏曲「いとすぎ」、ショーソンの「ヴァイオリン、ピアノと弦楽四重奏のための協奏曲」、ブラームスの交響曲第3番」（第3楽章）、

数が多過ぎて、一曲ごとに説明を加える紙数がありませんが、聴いてみればきっと、その時・その場面の気分に合うと思いますし、甘いムードやしみじみとした感動が心地よく体を包んでくれることでしょう。気分を替えて曲のことをさらに詳しく知りたくなったときには、パソコンやスマホで検索するか、解説書などを開いていただくとよいかと思います。

ともあれ私は、ロマンチストが増えること、クラシック音楽好きな人がこの世に溢《あふ》れることを期待して、今日もお店で、右に挙げた曲のどれかを流そうと思います。

結婚が近い人に教えてあげたい曲

定番の2曲以外にもたくさんある大家の作品

私事で恐縮ですが近年、私の周囲におめでたい出来事がいくつか重なりました。弟の家庭の子どもたちの結婚と出産、妻の弟の家庭でも姪が出産するという賑やかな話が続いたかと思ったら、なんと店の常連さんにも「子どもの結婚が決まった」という人がいて、他人事ながら、何かしら心が弾む珍しい日々となったのでした。

私にとっては――そしてもしかしたらあなたにとっても――遥か昔の、懐かしい体験かもしれない結婚や出産。その時々の浮き浮きとした喜びや興奮を思い出すと、「何かお祝いでも贈ろうか」という気持ちが起きますね。音楽が趣味の私のこと、「贈るお祝いは、嬉しい気分にぴったりの、相応しい曲を収めたCDがいいかなぁ」となります。食べ物や実用品もいいけれど、それらは多分、別の人が考えるでしょう。もしあなたも『音楽がいい』と同意していただけるなら、次に挙げるような曲を考えてみられてはいかがでしょうか。

具体的に「結婚」というと、最も卑近な曲は、メンデルスゾーンの「結婚行進曲」と、ワーグナーの「婚礼の合唱」（通称「結婚行進曲」）でしょうね。前者は、文豪シェイクスピアの戯曲「真夏の夜の夢」に付けられた音楽（全13曲）の一つで、劇中の第5幕の初めに、2組の恋人たちがめでたく結婚式を挙げる場面で奏される壮大・華麗な曲。当世では、新郎新婦が入場する際に流されています。一方、ワーグナーの曲は、1850年発表の歌劇「ローエングリン」の第3幕、聖杯を守る騎士ローエングリンとエルザ姫との結婚式の場面で歌われる合唱で、美しく厳《おごそ》かそのものです。〈行列を従えながら登場する2人を、周囲の人々が歌いながら祝福する〉という形を取ります。これも入場の際に流されているようですね。

定番となった感のある右の2曲のほか、グリーグのピアノ曲「トロルドハウゲンの結婚の日」とか、エルガーの「愛のあいさつ」、ベートーヴェンとグリーグにある同名の歌曲「君を愛す」、フランクの「ヴァイオリン・ソナタ イ長調」（同郷のイザイの結婚を祝って贈った作品）なども、美しい曲想からそのまま披露宴会場のBGMとして使えそうな気がします。

挙式間近なあの方、この方への贈り物

さて、結婚式に限定せず「結婚が近い」という人、あるいは「もうすぐ子どもが生まれる」という人に、お奨めしたいクラシックの名曲をピックアップしておきましょう。そんな方が身近におられたら、CDなどを贈ると喜ばれますよ。

一つ目の曲は、シューマンが愛する恋人クララに「明日が、いよいよ結婚式」という前の晩（1840年9月11日）に贈った歌曲集、「ミルテの花」（全26曲）。何しろこの2人、反対するクララの父親に対し、「結婚させろ」と裁判まで起こして、ようやく認めさせたという熱烈なカップルです。それというのも、シューマンの家系に精神疾患の気があることを心配し、天才ピアニストとして売り出し中の娘がいずれ苦労する

だろうことを、父親は見抜いていたのです。実際に7人の子供をもうけた末、彼は横死し、生活を支えるためにクララは大奮闘することになります。間もなく親しくなったブラームスが生涯を通して彼女を助け、独身のまま献身した様子は、映画「愛の調べ」に描かれ有名になりました。それはともかく、歌曲集の第1曲「君に捧ぐ」の歌詞を覗くと、〈君は私の魂、私のいのち、喜び、悲しみ、私の住む大地、憧れる青空……憩い、安らぎ、天から降る幸せ……〉と、べたべたの褒めようです。よほどうれしかったのでしょうね。

歌曲と言えば、先に挙げたベートーヴェンとグリーグの「君を愛す」ですが、前者はヘルロッセという人の詩により、「あなたが私を愛してくれると同じように、私も朝に夕に、いつも悲しみを分かちあった。私の命であるあなたに、神の祝福があるように」と歌い、後者はデンマークの詩人・アンデルセンによるデンマーク語で、「君はわが心、わがすべて君を愛す、永遠に」と歌われます。ともに甲乙つけがたいほど有名で、名歌手たちの歌ったCDがたくさん出ています。

「夫婦愛」「家族愛」を包み育むあの曲、この歌

次にお奨めしたいのは、オペラ作曲家として知られるワーグナーの「ジークフリート牧歌」という管弦楽曲。これは（ピアニスト、作曲家として有名なリストの娘コジマと、あれこれの末に正式に結婚できたワーグナーが、1870年の12月25日（クリスマスで、コジマの誕生日でもありました）の朝、泣かせる方法で彼女に贈った曲です。というのは、2階にある2人の寝室からそっと抜け出した彼が、階下に通じる階段に15人ほどの楽員を並べ、7時30分ちょうどに、書きあげたばかりのこの曲を自ら指揮して、妻に聴かせたのです。ジークフリートというのは、その前年に生まれた息子の名で、その頃書いていた晩年の大作「ジークフリート」から名を取りました。つまり妻の誕生祝いと息子の誕生を祝う二重の意味を込めた曲名だったのです。長閑《のどか》で静かで、じつに爽やかな作品です。目覚めた妻がどんな気持ちで聴いたことか……　かく言う私も、初めて子どもが生まれた時、カセットを使ってこの曲を妻に聴かせたものでした。

子どもの誕生を祝うという意味では、シューマンのピアノ曲集「子供の情景」（全13曲）、ドビュッシーの「子供の領分」（全6曲）、ビゼーの「子供の遊び」（全12曲、連弾用）、フォーレの「ドリー」（全6曲／連弾もしくは2台4手用）などもお奨めの作品です。

「子供の情景」は大人が子どもの頃を振り返り、その頃興味を持ったであろうさまざまなテーマを通して懐かしさに浸るという、大人のための曲集。また「子供の領分」は、ドビュッシーが再婚した奥さんとの間に生まれたクロード・エンマという娘のために書いた6曲の小品集。シューマンと違い、あくまでも子どもの感覚になりきって一緒に遊ぶこと、夢見ることを意図している点で、優しく楽しいのが特色です。

さらにまた、ビゼーの「子供の遊び」も、子どもたちのさまざまな遊びと、それに夢中になっている主人公の気持ちを、素朴ながら多彩な技巧を使って描き出しています。

最後の「ドリー」という組曲は、フォーレがドビュッシーと再婚したエンマ・バルダック夫人の娘エレーヌ（前出のエンマと同一人物。愛称、ドリー）に贈った4手用の曲で、特に第1曲の「子守歌」が独立した一曲としてよく知られています。

　ここで再び「結婚が近い人たち向きの名曲」に戻ってみましょう。こんな曲のCDを贈り物にしたら、こんな曲を一緒に聴いたら——と思われるロマンチックな曲として、まだ挙げていなかった曲を探すと、いろいろな人が書いている〈「セレナード」と題する曲〉がありました。例えばグノー、シューベルト、ドリゴ、ブラーガ、トセリ、トスティ、ハイケンス、ロンバーグ、レハールといった人たちのセレナードは『セレナード集』といった形でCDになっているはずです。

　ウェーバーが結婚後、妻に贈ったというピアノ曲「舞踏への勧誘」（ベルリオーズによる管弦楽用編曲版もよく知られていますね）。待つ愛を謳い上げた名歌であるグリーグ作曲の「ソルベーグの歌」（イプセンの戯曲「ペール・ギュント」に付けた音楽の一つ）。愛する気持ちを長閑《のどか》に歌い上げるトスティの歌曲「理想の人」。同じく切々と歌うイタリア民謡「オーソレミオ（私の太陽）」「マリア・マリ」「忘れな草」。オペラの中から、サン＝サーンスの「サムソンとデリラ」に出てくる「君が御声に、わが心ひらく」など、相応しいと思われる曲はいくらでも見つかります。若い頃に戻って、〈贈る・贈られるの本人〉になってみたいものです。

失恋の痛手を癒してくれる曲

気持ちの切り替えには、名曲を聴くのが一番！

この本を手にとってくださったあなたにとっては、もしかして遠い昔の出来事、今ではまったく忘れておられるかもしれないテーマ、「失恋」。しかし、あなたに娘さんやお孫さんがあったら、今、『若い彼らがその渦中にいるかもしれない』と仮定して、以下を読んでみてください。

失恋なんて、誰でも一度くらいは遭遇する〝青春のはしか〟みたいなものですよね。好きになり恋い焦がれる、あるいは意気投合し一時的には蜜月の時間を持つにもかかわらず、あれこれの事情から結ばれず結果的には別れることになるわけですが、その渦中にあるとき、人はどんな方法で耐えたり自分を慰めたりしているのでしょうか。

どこかで読んだような気がしますが、男性はアルコール（ヤケ酒）で気を紛らわしたりスポーツで汗を流したりするもののようです。女性なら美味しいものを食べたりショッピングや旅をしたりして気分転換を図る――というのが一般的な対処法だとか。

なるほど、それもいいかもしれませんが、私に言わせれば、モノや暇潰《ひまつぶ》しに救いを求めるのは、あくまでも一時的な逃避術。いずれ時間が解決してくれるという効果はあっても、精神的な痛みは案外あとを引くものです。それよりも、辛い気持ちから早く脱出しようと思ったら音楽を聴く、それもクラシックが一番だと思います。

といっても「聴き方」にはいろいろあります。精神医学の分野にある「音楽療法」の勧めるところでは、落ち込んでマイナス気分のときには音楽もそれに合う、暗く落ち込んだような曲想のものをまず聴く、というのがよいのだそうです。普通なら『落ち込んでいるのだから、元気の出る賑やかな曲を』と考えるところですが、やってみるとこれは心が受け付けてくれず、効果ありません。逆に、落ち込んだ気分に同調するような暗さを持つ曲の方が心に馴染み、受け入れられ易いらしく、これを「同質の原理」というのだそうです。ただし、いつまでもこのような音楽が効果的なわけではなく、やがて少しずつ明るい音楽へと切り替えていくべきだというのが、音楽による「落ち込みからの脱出法」の原則だとか。なるほど、そのとおりだと思いますね。

〝ひしゃげた心〟を励ます感動的な曲もある

で、失恋の時点に戻りますが、そんなときにまず聴いてみたい〈お奨めの名曲〉として、例えばチャイコフスキーの交響曲第6番ロ短調「悲愴」とか、バーバーの「弦楽のためのアダージョ」、ブラームスの「クラリネット五重奏曲」、J・S・バッハの「無伴奏ヴァイオリンのためのパルティータ第2番」から「シャコンヌ」、シェーンベルクの「浄められた夜」、ドヴォルザークの弦楽四重奏曲「糸杉」――などは、どうでしょうか。

チャイコフスキーの「悲愴」は、独特の感傷的なメロディーが聴きやすいことに加え、全編を覆う暗いムードが失恋した気分にぴったりです。特に冒頭の不気味な始まりと、「アダージョ・ラメントーソ（悲しみのアダージョ）」と題された第4楽章が印象的です。全曲を聴き終わると、ガックリと打ちのめされたような気分に陥りますが、失恋したばかりの〝ひしゃげた心〟にはむしろそれが、感動と生きる喜びを呼び起こしてくれるかもしれません。じつを言えばこの曲、チャイコフスキーが自殺を覚悟して書いたかもしれない〝この世への訣別〟的な、「最期の作品」なのです。1893年10月28日が初演なのですが、その9日後に彼は自ら命を絶っています。自死の理由は、若い頃から苦しんできた同性愛の性癖が露見し、社会的な名声に傷がつくのを恐れた周囲からの強い勧めがあったからだ——と、比較的最近明らかになりました。お聴きになるときは、特に終楽章の終わりに注意してください。

バーバーの「弦楽のためのアダージョ」は、1936年に作曲した「弦楽四重奏曲ロ短調」から、その第2楽章を翌年、弦楽合奏用に編曲したものです。厳粛でいかにも瞑想的な主題を対位法的に繰り返しながら、次第に音量を上げていく構成。圧倒的なクライマックスを築くのですが、次の瞬間、休止によってハッとするような静寂が訪れます。そして再び初めの静かな主題に戻る——という、緊張と静寂の対比が何ともたまらない曲です。一度聴くと、誰でもたちまち惹きつけられます。アメリカでは、要人が亡くなると放送や葬儀で必ずこの曲が流される、と聞いたことがありますが、落ち込んだ気持ちを純化してくれるような曲想とムードは、失恋の場合にもピッタリと当てはまりそうな気がします。

ブラームスとレーガーの「クラリネット五重奏曲」はともに、暗い寂寥感《せきりょうかん》に覆われている点が共通しています。強いて区別するなら、ブラームスは〈失恋直後の喪失感から何も手が付かない〉といった時期に合いそうです。

ブラームスの曲が恋の名残りの甘いムードをどことなく漂わせているのに対し、レーガーの方はもう少し醒めた感じで、やや落ち着いた状態を示しているかのようです。ともに思索的な雰囲気を漂わせていて、聴いていると、いつの間にか癒されて冷静な気分に戻ることができます。

弦楽四重奏「いとすぎ」への挑戦はいかが？

Ｊ・Ｓ・バッハの「シャコンヌ」は、超人的なヴァイオリン技術が聴く人を圧倒するといった点で、いつの間にか曲の中に引き込まれ、落ち込んだ気分を吹き飛ばしてくれそうな曲です。シャコンヌというのは、バロック時代（１６００〜１７５０年頃）に人気のあった一種の変奏曲で、ゆっくりとした3拍子で出来ています。いろいろな人が書いたシャコンヌの中でも、ヴィターリの曲とともによく知られるこの曲（１７２０年頃の作曲）は、6曲書かれた無伴奏ヴァイオリンのための作品（3曲のソナタ、3曲のパルティータが交互に並べられています）の一つである「パルティータ第2番」（5楽章）の第5楽章が、独立して有名になったものです。４小節の簡単な主題を30通りにも変奏しながら、独特の深遠な世界を築いていくとあって、技巧的にも非常に難しく、どのヴァイオリニストが弾く場合にも、ハラハラさせられる緊張感があります。

時代は飛んで、シェーンベルクの「浄められた夜」（１８９９年）も、失恋したときに聴いたらスムースに受け容れられそうな、不思議な魅力を持っています。古典派やロマン派の音楽が行き詰まり、さらに新しい音楽が模索された19世紀末から20世紀初めにかけて、「12音音楽」と呼ばれる、まったく新しい音楽を創案して音楽史に道を開いたシェーンベルクの、初期を代表する一曲がこれですが、詩人・リヒアルト・デーメルの詩を音楽化したその内容は、次のようなものです。

――月の明るい夜、（かしわ）の木の林を一組の男女が歩いている。女が妊娠を告白し、でもあなたの子ではないこと、単に母親になることに憧れて見知らぬ男に身を任せてしまったことを話すと、男は優しく慰め、「その子は月光によって浄められた。私たちの子として育てよう」と答えて、二人は熱い口づけを交わす。そして浄《きよ》められた夜を歩いて行く――

情景を想像しながら聴くと、エロティックでもあり、異次元へ迷い込んだようでもあります。いつの間にか醒めた気分になって、聴き手自身の失恋を振り返ることができるのではないか―― そんな気がします。

最後に、ドヴォルザークの「いとすぎ」。失恋と訣別するために、甘い思い出をもう一度振り返ってみよう、というときに最適の一曲です。一般的な知名度は低いのですが、聴いてみると『ロマンチックなこと、この上なし』といった曲想が何とも魅力です。ドヴォルザークが24歳の１８６５年、アルバイトでピアノを教えていた生徒の一人、ヨゼファ・チェルマークに恋をしながら、報われず失恋に終わったにもかかわらず、その想いを18の曲に託して、歌曲集「いとすぎ」にまとめました。そしてその後さらに手を加え、２つの歌曲集を編んだだけでなく、それとは別に12曲を選んで弦楽四重奏曲にもしています。これが弦楽四重奏用の「いとすぎ」です。ヨゼファに寄せる気持ちがどれほど深いものだったか、恋をしたことのある人なら容易に想像できるのではないかと思います。

念のため付記しましょう、12の曲名とは「あなたに寄せる私の愛は」「死は多くの人びとの胸に」「優しい瞳が私に注がれる時」「その愛は私たちを幸せに導くことはないだろう」「本に挿《はさ》んだ古い手紙」「おお、私の輝くばらよ」「私はあの家のまわりを忍び歩く」「私は深い森の中の空き地に立ち」「おお、ただ一人のいとしい人よ」「そこに古い岩があった」「自然はまどろみと夢の中に」「お前は、なぜ私の歌はそんなに激しいのかと尋ねる」――です。どの曲が立ち直らせてくれるか、お聴きになってみませんか。

Op.2　名曲が誘う瞑想の深淵とその魅力

「～ながら聴き」の功罪

〝ラク〟を求める時代の気づき

どんな時代に生まれようと、私たちはその時代の世間の仕組みやしきたりの中で精一杯生き、やがて死ぬ――それは、逃がれられない運命でしょう。私の場合、無事に生き延びてまあまあの年齢に達したからなのか、近頃は時代や社会の変化について「昔と比べて、ずいぶんと変わったなあ」と思うことが少なくありません。都会に住んできたせいか、否応なく変化に馴らされ順応してきた、とつくづく感じます。

何よりも、生活環境の変化が大きいですよね。私が一番の変化、いや進歩だと思うのは、トイレと風呂、洗濯についてです。子どもの頃は都内でもトイレは〝汲み取り〟でしたし、風呂は薪を燃やし、火吹き竹でフーフーやる方式。洗濯物はタライに入れて、洗濯板でゴシゴシ――が普通でした。それが今ではどうでしょう。ボタンやスイッチひとつで、すべてを機器がやってくれています。お蔭でどれだけラクになり、清潔になったことでしょう。そればかりでなく、テレビや携帯電話、パソコン・スマホ、クレジット・カード、スイカやパスモといった支払いカード、コンビニエンス・ストア、新幹線などなど、次々と新しいものが生まれ、開発されて、生活はラクになる一方です。慣れてしまうとそれが普通となって、『まだまだ何か進化中のものがあるのではないか』と、便利さを求める欲求はますますエスカレートしていきます。一日は24時間しかないのに、これだけ便利なものが周囲に揃うと、私たちの目（関心）は、どうしてもそちらに向いてしまいます。今まで楽しんできた趣味や娯楽への関心が浸食されてしまうのは、仕方ありませんよね。

過去に多少とも商品開発の仕事をやったことのある私は、時折、立場を変えて考えてみるのですが、ここ数十年に生み出された発明や開発の目的を端的に言うと、「手間を省く」「ラクをする」が基本になっているようです。別の言い方をするなら、〈あれこれ楽しむために、一つひとつに関わる時間を短縮しよう〉という狙いがあります。そう思って眺めると、どれも当て嵌《は》まるではありませんか。

もう一つ。あれこれ楽しむためには、一日24時間に対する考えも変えた方がいいかもしれません。つまり「昼間」と「夜間」の区別に拘《こだわ》らずどちらでも役立つような、あるいは「起きている」と「寝ている」の概念を超えるような仕事や遊びを考える——そんな流れで、すべてが進んできたような気がするのです。

昼と夜の区別なく、という発想は、「家の中だけでなく、家の外、歩きながらでも」につながります。そうなると何を考えるにせよ、持ち運びに便利な工夫——そう、小型化——につながります。新幹線や各種のシステムなどはともかく、右に挙げた〝家事をラクにするいろいろな発明〟も、共通して小型化に向かった成果だといえなくもないでしょう。

耳にイヤホン、ポケットにコード

では、クラシック音楽についてはどうでしょう。変化といえば、コンサートが増えたのもそうですし、代用伝達手段といってよいレコードが蝋管から円盤へ、それもSP盤からLP盤へ、そしてCD・DVDへと発展し、平行して親しまれたテープもオープン・リールから8トラック、さらにはカセット、ミニ・カセットへと発展しました。その結果、クラシック音楽に親しむ人が飛躍的に増えて、生のコンサートもレコードも一段と身近になったと思われます。

そう、それは確かなのですが、しかし21世紀に入った今、クラシック音楽はどんな形で楽しまれているかというと、私にはちょっと気になる状況に見えなくもありません。

これは別項でも書きましたが、まず、若い人たちが総じてコンサートへ行かなくなったこと。反対にカセットやディスクによる携帯型プレーヤーで聴く人が増えました。それらにセットするソフト（レコード、ディスク）も、パソコンなどからダウンロード（コピー）して済ませ、CDなどを買わなくなった傾向がありますす。そういう状況がごく一般的らしい、ということが私にも分かってきました。電車内で見かける人の大半が「耳にイヤホン、ポケットからコード」のいでたちであることから、これは間違いないでしょう。でも彼ら・彼女らの中で、クラシック音楽を聴いている人がどのくらいいるかを想像してみてください。おそらく50％を超えることはないでしょう。若い人にクラシック音楽はそれほど敬遠されているのだと、残念ながら思わざるを得ません。

こう言うと、イヤホン愛用派の人からは、反論があるでしょうね、「そんなことはない。私も含めて、クラシックを聴いている人は多いぞ」「どこでも気軽に聴けて、こんな便利なことはない」「どこからネタを仕入れようと、こちらの勝手だ」と。まあ、すべておっしゃるとおり。〝大スピーカー向かい合い派〟である私の嫉妬、ねたみと思っていただいて結構です。

クラシック音楽、お手軽な聴き方の有利と不利

ところで肯定・否定はともかく、〈イヤホンを耳に挟み、外部を見たり何かをしたりしながらクラシック音楽を聴く〉という方法のメリット、デメリットは何だと思われますか？

例えば高い山に登りその頂上で壮大なR・シュトラウスの「アルプス交響曲」を聴く、広々とした海を前にしてドビュッシーの交響詩「海」を聴く、緑あふれる森を歩きながらベートーヴェンの「田園交響曲」を聴く――なんていう楽しみは、イヤホンなしでは味わえない大きなメリットですよね。あるいはベッドに入り、眠りが訪れるまでの寛ぎの時間に、バッハの「ゴルトベルク変奏曲」やフォーレの「ドリーの子守歌」を聴く。それとも病院内のベッドで、他人の迷惑にならぬよう音量を落としてそっと聴く！――これらも、イヤホンがあればこそできる〝大いなるメリット〟であることは間違いありません。

ではそれらの反対――デメリット――は何かを、分かり易く言えば、「他人のいる所で聴くこと」だろうと思います。電車の中、街の中、人混みの中、そして何かをしながら聴くことに共通するのは「集中できないこと」です。〈無関係な風景や人、乗り物など動くものを目に入れながら音楽の良さを味わう〉なんて、7人の声を聴き分けたといわれる聖徳太子以外にはできないでしょう。

それに、うっかり音楽に気を取られていると、他人とぶつかる、車に轢《ひ》かれる、ホームから落ちる、機

械に挟まれる、建物に衝突する……など危険なこと、この上ありません。実際にそういう事故が時折、ニュースになるではありませんか。

あれこれ比べてみると、私などはどうしても「『〜ながら聴き』反対派」に廻ってしまいます。1番の理由は、真剣に作曲したり演奏している人に対して、そんな聴き方は失礼だと思うからです。いや「我慢できないから、今はそんな聴き方をしている。でも家に帰ったら、もう一度向かい合って聴く」というのなら、それも一つの向き合い方でしょう。でも、電車内で見かける『〜ながら聴き』している人のすべてが、本当に聴き直しているのでしょうかね。

『〜ながら聴き』に反対するもう一つの理由は、「暇な時間を埋める、BGM的な聴き方」「ファッションとして聴いている」ように見えるからです。どちらも、本当に好きで少しの時間もクラシック音楽から離れられないという風には（失礼ながら）見えません。もちろん、見た目だけでこんなことを言う私も、他人さまの目には、ひどく傲慢に見えるかもしれませんね。私の中には「もし、そうでないのなら、なぜコンサートに人が集まらず、CDや音楽書が売れないのか。やはりそれだけの関心のある人、本当に好きな人が減っているのだ」という残念な気持ちが、どこかでくすぶっているのです。あなたは、どう考えられますか。

青春を甦《よみがえ》らせてくれる「小品」たち

セミ・クラシック名曲の魅力

〝アンコール・ピース〟という言葉を耳にされたこと、おありですか？　演奏家がコンサートやリサイタルで当日のプログラムに並べた曲目を演奏し終わったあと、鳴り止まぬ拍手に応え、追加して演奏する曲のことです。アンコールとは、フランス語で「もう一度」（イタリア語では、アンコーラ）という意味です。大抵は、小品（短い曲）ですが、室内音楽の演奏会などでは、その会でつい先ほど演奏した長い曲の一部を、もう一度繰り返すこともあります。

取り上げられる小品の多くは、誰もが知っている、あるいは聴いたことがある親しみやすい曲が多く、一般には「セミ・クラシック」とか「ライト・クラシック」（セミとは、半分。ライトとは軽いという意味）と呼ばれています。例えばベートーヴェンの「エリーゼのために」、モーツァルトの「トルコ行進曲」、シューマンの「トロイメライ」、サラサーテの「チゴイネルワイゼン」、ショパンの「子犬のワルツ」。こう挙げていくと、「なるほど」と、分かっていただけるでしょう。

なぜ、私たちの多くがこれらの曲を知っているかといえば、そう、かつて小・中学生時代に音楽鑑賞の時間というのがあって、そこでレコードなどを聴かされたことがあるからです。あるいは両親がクラシック好きで、家庭内に蓄音機とレコードがあって、そこで聴いた——という人がいるかもしれません。

レコードとか蓄音機などと言っても、若い世代にはピンと来ないでしょうね。今ではＣＤ（コンパクト・ディスク）とか、再生装置などの便利な機器がありますものね。音や音楽を録音し、再生するまでの過程も、１８７７年のエジソンによる蝋管レコード発明以来、１８８７年の平円盤（ベルリナーによる）、１９４８年のＬＰ盤、１９５７年のステレオ盤、１９８９年のＣＤと、目ざましい進歩を遂げて現在に至っています。じつは初期の平円盤（次代のＬＰ盤に対し、ＳＰ＝ショート・プレイイング＝盤と呼ぶ）では、シェラックという材質の都合で、30センチ盤の片面に5分ほどの演奏しか録音できませんでした。交響曲のような長い曲は、表裏を使っても2枚から8枚必要となるため、収録する曲はどうしても短時間の小品が優先されてしまいます。そこでレコードの初期に聴かされていたのは、もっぱらセミ・クラシックの小品ばかり。学校での鑑賞にもそれらが使われた――というわけです。聴く方にしても、長い曲は飽きてしまいますものね。

ところがＬＰ盤が登場してからの時代には、それまで録音の少なかった大曲、交響曲やらオペラやら宗教音楽などが続々と登場します。好きな人にはレパートリーがぐんと広がりましたが、反面、〈「長くて飽きる」「覚えにくい」という理由で大半の人には敬遠される〉という状況が生まれました。加えて、最近は娯楽の種類も増えましたから、人々の関心はどうしてもそちらの方向へと傾いてきます。コンサートのプログラム、音楽雑誌などのジャーナリズムも、今では大曲一辺倒！　かつて誰もが聴き、口吟《くちずさ》めるほど親しんだ小品は、こうしていつの間にか忘れられ、演奏会のアンコール・ピースとして、僅かに聴かれる程度になったのです。

私が取り組んだいくつかの試み

そんな状況の中でも、聴けば誰もが「この曲、知っている」「懐かしい！」と思うに違いないセミ・クラシックを、『何とかもう一度復活させることはできないものか』と、以前から考えていた私は、ささやかながら〝行動〟を起こしました。例えば、これまで誰も書いていない〈セミ・クラシックの小品を紹介した本〉を出すこと。といっても簡単ではありませんが、「クラシック珠玉の小品３００」（講談社）と、それに２００曲追加した「珠玉の小品５００」という単行本を何とか上梓したのです。さらに３つほどやっている「クラシック愛好会」や、豊島区の「区民ひろば」で、「懐かしのクラシック」と題する鑑賞会を何回か。さらにまた知り合いの演奏家（三上亮、日下知奈、瀬崎明日香、田野倉雅秋、小池郁江、西山健一さんら第一線で活躍する人たち）と組んで、〈ナマ演奏による静岡、四国への巡回公演〉を行なったときの解説などです。きっかけは、古巣・コロムビアの依頼で企画した「名曲喫茶のクラシック」というCDでした。「懐かしい！」とおっしゃる方がたくさんおられたのです。

これらの活動をしている間、一つひとつの小品を取り上げるたびに私の脳裏には、いろいろな想い出が懐かしく甦《よみがえ》ってきました。若い頃、父から教えられて知った曲。母が裁縫をしながら口ずさんでいた曲。あれこれの事情から家を出て一人になった時期に聴いた曲。失恋したとき涙をこらえて聴いた曲。死のうと思って行った温泉場で偶然耳にし、立ち直らせてくれた曲。感激し、思わず弾きたくなってヴァイオリンを買ってしまった曲。題名を知りたくて、あちこちに電話をかけてしまった曲。中学時代に器楽コンクールで吹いた曲……などなど、並べただけで『あれが青春だったなぁ』と、深い感慨にとらわれてしまいました。

私自身が青春時代の想い出に浸っただけではありません。中高年の方々が多く集まる「愛好会」とか「演奏会」では、終了後「懐かしかった」「よかった」と言ってくださる方が少なくなく、私の名で出版した本に対しても、長々と思い出を綴ったお便りをくださった方がたくさんおられたのです。レコード界からも、びっくりするほど多くの「小品解説」依頼がありました。

そんなことから、若い演奏家の方が見えると、つい「小品をプログラムに加えるといいよ」と言ってしまうのが、近頃のクセになっています。というのも、若い演奏家は例外なく小品に無関心のようで、「あくまでもアンコール・ピースに過ぎない」と思い込んでいるらしく、大抵の人が〝大曲志向〟。一般の聴衆には分からない曲目を並べては「客が集まらない」と嘆いているのが現実です。でも私に言わせてもらえるなら、「まずはお客さんが喜ぶ曲、すなわち〝よく知られている曲〟を最初に置き、それから徐々に自分のやりたい曲へ」というのが、順序であるような気がするのです。

小品の魅力は何かと言えば、短くて覚えやすい、メロディーが美しい、形式など小難しい理屈をこねる必要がない、さまざまなジャンルと楽器に名曲がある――といったところですが、何と言っても、覚えて口ずさめることがまず記憶につながります。生活の中で耳にし、永く楽しむなら、それが時々の成長として青春を美しく彩る曲を！　そうすれば、年老いたとき、それが甘く懐かしく甦ってくる気がするのですが、いかがでしょうか。

知っておきたい「日本に因《ちな》む曲」

あの作曲家と「日本」の関係を繙《ひもと》く

名曲喫茶「ショパン」においでの常連さんと雑談を交わすなかで、「相撲、野球、サッカーなど、最近は何でもグローバルになったね。いいことなのだろうが、淋しい部分もあるね」と、互いに複雑な気分になったことがあります。その折、「クラシック音楽の世界は、どうなの？」と尋ねられたので、「この世界も、例外ではありませんよ。外来の演奏家は相変わらず多いし、有名コンクールに入賞する日本人の名も、よく耳にするでしょう。指揮者やピアニスト、ヴァイオリニストの中には、既に世界的に知られる人が大勢います」と答えました。

ザッと見渡したところ、どちらかといえば演奏者のグローバル化が目立つ感じですが、しかし作曲家にも、海外で知られるようになった人がいないわけではありません。武満徹さんとか薫敏郎さん、団伊玖磨さんらは、それぞれスタンダードともいえる名曲を持っている点で、世界的と言ってよいと思います。

ところで、私たちがクラシック音楽の作曲家として馴染んでいる作曲家たちは、日本や日本人のことをどのように思っているのでしょうか。例えば日本に題材を求めた作品とか、何か日本と関係のある曲を残したというような例があるのかどうか――　そんなことを振り返ってみれば、グローバル化の原点を見つける上で意味があるかもしれません。じつは１００年以上も前、既に、そうした作曲家と日本の関わりを示す証拠が残されているのです。以下に、それら日本と関係の深いクラシック音楽作品を、まとめてご紹介してみましょう。

知名度からいうと、どなたでもご存知なのはイタリアの作曲家、ジャコモ・プッチーニ（1858－1924）の歌劇「蝶々夫人（マダム・バタフライ）」だろうと思います。明治初年の長崎を舞台に、アメリカの海軍士官ピンカートン（テノール）と結婚した蝶々さん（ソプラノ）が、彼に裏切られたとも知らずに一途な愛情を捧げる――というお話で、一時帰国した彼が3年後に再び現われたとき、その傍らにはアメリカ人の夫人が寄り添っていました。絶望した蝶々さんは、ピンカートンと自分の間に生まれていた男の子をその夫人に託すと、父の形見の短刀で切腹（最近の演出では、喉に短刀を当てることも多いですね）して果てるという、いかにも日本的な内容の作品です。音楽には、プッチーニ特有の甘美で劇的なメロディーが溢れているほか、日本の「越後獅子」「宮さん宮さん」「君が代」「お江戸日本橋」なども使われていて、オリエンタルなムードがいっぱいの作品です。悲劇的な終わり方が特色の他の作品「トスカ」「ラ・ボエーム」とともに、「蝶々夫人」は世界的な名作の一つとなったのでした。

しかし実際にプッチーニ自身が日本へ来たことはなく、日本についての知識もまるでなかった、と言われています。作曲のきっかけとなったのは1900年、「トスカ」上演のためプッチーニがロンドンに滞在中、そこで見たベラスコという人の同名戯曲に感激したからだとか。ベラスコの戯曲の方は、日本びいきのジョン・ルーサー・ロングという作家が書いた小説「蝶々夫人」を土台にしています。原作者のロングは日本に住んだことのある姉、コーレル夫人の話を聞いて一冊にまとめたと言われています。

ともあれ、プッチーニの「蝶々夫人」は１９０４年に完成し、同年2月17日にミラノのラ・スカラ座で初演されましたが、そのときは過剰なエキゾチック・ムードが受け入れられずに失敗。その後、名指揮者・トスカニーニの助言によって改訂され、トスカニーニの指揮で再演されて大成功、世界的に知られるようになりました。現在ではヴェルディの「椿姫」、ビゼーの「カルメン」とともに〝歌劇場の３大ドル箱作品〟と呼ばれています。ついでながら、この歌劇では「蝶々夫人」を歌って世界的なオペラ歌手となった日本人の三浦環、砂原美智子、東敦子さんらの名も忘れることができません。

歌劇ではもう一つ、アーサー・サリヴァン（１８４２―１９００／イギリス）の歌劇「ミカド」（別題『ティティプの町』）が、やはり日本と関係しています。といってもそれほど深い繋《つな》がりは見当たりません。題名の〝ミカド〟と、劇中に出てくる「宮さん宮さん」のメロディーぐらいでしょうか。ただ、別題の「ティティプ」は、埼玉県の「秩父」のことらしく、作曲・初演された１８８５年（3月14日、ロンドンのサヴォイ劇場）より少し前のパリ万博（１８６７年）で、そこに出品された秩父名産の絹織物を見た作曲家が、ふと思いついて東洋の見知らぬ町・秩父に舞台を設定したものと思われます。

物語をちょっとご紹介しますと、年上の許嫁《いいなずけ》・A嬢との結婚を嫌った帝《ミカド》の息子（皇太子）が、美しい娘・B子と恋に堕ちます。が、彼女には死刑執行人の肩書きを持つ許婿・C男がいて、C男は一ヵ月以内に誰かを処刑しないと格下げになる瀬戸際。失恋して自殺しようとする皇太子に、「どうせ死ぬなら死刑囚になってくれ」と頼むC男。「それなら1ヵ月間だけB子と結婚させてくれ」と皇太子は交換条件を出します。やがて「宮さん宮さん」の合唱とともに、ミカドが登場。あわてた死刑執行人は偽の処刑執行書を見せ、逆に皇太子殺害未遂罪に問われます。ミカドと許嫁のA嬢は承知せず、このままではB子の命も危ない――思い余った彼は仕方なく、A嬢に求婚し、受け容れられます。こうして2組の結婚が成立してめでたく幕――という喜劇です。初演以来700回近くものロングランを続ける人気作品となり、日本では戦後の1947年6月、長門美保歌劇団によって初演されています。

歌劇以外の作品では、ベンジャミン・ブリテン（1913－76／イギリス）の「シンフォニア・ダ・レクイエム」、R・シュトラウス（1864－1949／ドイツ）の「日本祝典楽」、イルデブランド・ピツェッティ（1880－1968／イタリア）の「交響曲イ調」、ジャック・イベール（1890－1962／フランス）の「祝典序曲」、ヴェレシュ・シャーンドル（1907－1992／ハンガリー）の「交響曲」――の5曲が、日本との関係の濃い作品です。いずれも1940（昭和15）年、日本独自の年号による「紀元2600年」祝典のために、わが国政府からの依頼で書かれた曲です。

特にシュトラウスの作品は、ドイツ人のイメージにある日本海・桜・火山・さむらい・皇帝をテーマにしたユニークな「標題音楽」と言えます。それに対しブリテンの曲は、「亡き母を偲んで」と添え書きがあり、葬儀用のスタイルで書かれた曲。底流にあるキリスト教的精神が天皇への侮辱に当たるとして、日本政府は厳重な抗議を行い、返送してしまいました。折からの日英関係悪化が原因ともいわれますが、反論がなされることはなく、やがて第二次大戦へと突入して行ったのです。

そのほか、52丁の弦楽器のために書かれた、K・ペンデレツキ（1933年－／ポーランド）の「広島の犠牲者に捧げる哀歌」、日本の三歌人（山部赤人、源當純、紀貫之）の作品をもとにした歌曲であるストラヴィンスキーの「日本の3つの抒情詩」。1961年に来日してそのときの印象を管弦楽にした、メシアンの「7つの俳諧」。同じく来日時に見た能「隅田川」を翻案した歌劇、ブリテンの「カーリュー・リヴァー（柳の川）」。〈降りつもる雪は、涅槃《ねはん》を試みて山に没した乙女たちの純粋な魂だ〉という古い伝説から着想したというピアノ曲、ヘンリー・カウエル（1897－1965／アメリカ）の「富士山の雪」――といった作品もあります。

日本の文化や伝統が、海外からも関心を持たれていることは、これらを見ても明らかです。最近は演奏される機会に恵まれませんが、あらためて陽の目が当たることを願わずにはいられません。

もしも政治家の半数がクラシック音楽好きだったら

「よく分からない」が「政治」と「クラシック音楽」の共通項

「政治」と「クラシック音楽」を並べられたら。あなたはどんなことを連想されますか。政治は、国や自治体の方針を定め社会を動かす元となる力。クラシック音楽は、世の中にたくさんある趣味・娯楽の一つ。一見、かけ離れた事柄のように見えますよね。一般にどちらが関心を持たれているかを比べたら、政治の方でしょう。だって、選挙・投票などの形で誰もが多少は関わりますものね。でも、政治によって具体的に何が行われているかと言えば、それは政治家と官僚任せ。一人ひとりの主権者にしてみれば多少の意見は持っていても、「よく分からない」というのが正直なところかもしれません。

一方のクラシック音楽は、興味がなければ縁を持つことなく過ごせる「よくわからない趣味」の代表といったところ。日常、身の廻りに溢れるほど流れていても、「良さが分からない」と嘆く人はかなりいます。つまり、「政治」と「クラシック音楽」の2つを並べたとき共通するのは、「よく分からない」「難しい」という点なのです。でも、「分かる・分からない」なら、その事に関心を持ち、分かろうと努力すれば嘆かずに済むわけで、具体的には「考える」あるいは「想像する」「空想する」ことによって、分かることができます。クラシック音楽と付き合っていて「クラシックは空想・想像して聴く音楽だ」と信じている私は、『人々が想像・空想し、考えて味わうことが、以前に比べて希薄なのではないか』と気になります。

クラシック音楽について言えば、ゆっくりと向かい合って聴く「名曲喫茶」が廃《すた》れたのがそうですし、大きなスピーカーよりは歩きながらでも聴けるイヤホンを好む人が増えたのもそうでしょう。レコードのコレクションをする人も少なくなりましたし、音楽雑誌の発行部数がジリ貧状態で、コンサートの客も〝暇のある中高年世代〟がほとんど――と、人々の日常生活から「思考し空想する時間」が減少しつつあるのは確かです。

政治を含めた「音楽以外」の分野でも、学生運動・労働運動が皆無といってもよいほど衰退し、歩き携帯・立ち喰い・電車内化粧などが珍しくないマナーレス（あえてそう言ましょう）な風景が広がる当世、やはりあれこれと考える「空想・想像」の時間は、間違いなく減っていると思われます。

こういう傾向を「時代の変化」といってしまえばそれまでですが、人々の声が「分からない」から無関心に傾いたままだと、その裏側でとんでもない力が働いて、知らぬ間に大きな変化が起こり、そのときになって考えても手遅れ！　という事態が起こらないとも限りません。

政界にもクラッシック音楽愛好派を増やせ！

まあ、名曲喫茶の老店主としては、「世の中を『考える』方向へと変化させる動きの始まり（の一つ）は、クラシックを聴く人を増やすことだ」と、勝手にそう考えています。なぜなら、クラシック曲の大半は楽器だけで演奏する「響き」の音楽。おまけに強弱、緩急、長短の変化がいろいろですから、いったい何を表わしているのか、一度聴いただけではよく分かりません。でも人間が書いたのは確かですから、あれこれの手がかりをもとに、「ああでもない」「こうでもない」と、聴き手は想像・空想するのです。飽きずにそれをやっているといつの間にか慣れて、分かったような気になってきます。そればかりか、応用が利いてきて、音楽以外のことでもあれこれと考えるようになります。アイディアなどが沸きやすくなるのです。

そういう人が増えたら世の中にはきっと前向きな、すばらしい人が続々と現われて、国政も経済も必ずうまくいくようになる——　とまあ、大げさですが、これが私の描く〝近未来図〟なのです。

以前、そんなことを文章にしたことがありました。

——音楽界で人気のある小沢征爾氏（指揮者）や、黛敏郎氏（作曲家）が、もし総理大臣や国会議員になったとしたらどうだろうか。政界には「彼らに続け」とばかりに音楽分野から続々と議員が誕生し、「音楽文化党」なんてグループが出来るかもしれない。そして芸術関係の予算が大幅に拡大し、オペラ劇場などは各県に一つが当り前になるだろう。そればかりでなく、「音楽は人間生活の大切な基本だから学校教育では第一の必修科目とする」なんて方針が打ち出されて、日本中がクラシックを中心とする音楽大好き人間で埋めつくされるようになるに違いない——

ざっとこんなふうに、夢想を文字にしたのです。それから15年が過ぎ、黛さんも小澤さんも亡くなった今、政治とクラシック音楽の関係はどうなっているとお思いでしょうか。どちらも人物が交替し、相変わらず存続してはいますが、しかし状況は同じようなもの。いや、あの頃より悪くなっているかもしれません。「音楽人口も音楽予算も、むしろ減少している」と、あちこちからニュースが入ってきます。かくて、次第に遠遠ざかっていく私の夢……

こんな実例があり、先人がいた！

しかし、そんな状況下でも、まだ絶望するのは早すぎると言えそうです。音楽の側には今も、次々と登場する若い青年たちがいますし、福島の原発事故後に寄せられた多くの善意など、音楽を含む〈日本の人的エネルギー〉はまだまだ健在。そのうちに、あっと驚く何かが起こるだろうと私は期待しています。

そんな展開の序章として、私が新たに夢見ているのは、〈クラシック音楽好きの（できれば音楽大学卒の）政治家〉が生まれることです。芸能界には既に何人も出身議員がいるのですから、決して空想とはいえないと思います。そう、誰かが先駆者として道を拓いてくれれば、後続者が次々と名乗りを上げ、全議員の半数がクラシック音楽界出身者になる時代が到来するかもしれません。かつて私が夢見た政策などは、たちまちのうちに実現されるでしょう。ああ、生きている間にそんな日常を見たいものですね。

「なんて馬鹿な夢を！」と笑う人には、「１００％の夢とも言えない証拠」をお見せしましょう。じつは外国には、政治家になった音楽家が、何人もいるのですよ。

例えばポーランドのイグナツ・ヤン・パデレフスキ（１８６０－１９４１）は、19世紀後半から20世紀前半にかけて活躍した世界的なピアニスト。第一次大戦（１９１４〜18）中には、戦禍に巻き込まれた祖国を救うため慈善演奏会を頻繁に開き、その収益をすべて祖国に寄付しました。その功績によってアメリカ駐在大使となった後、１９１９年にロシアの支配から脱した祖国がポーランド共和国として独立すると、なんと「初代首相」に選ばれたのです。彼はその地位を1年で退き再びピアニストに戻ります。が、やがて第二次世界大戦が始まり、ドイツに攻められたポーランドがフランス国内に亡命政府をつくる（１９４０

年）と、この時にも再び首相に選ばれました。そして在任中に、ニューヨークで客死したのです。世界的な名声もさることながら、彼がいかに国民に愛されていたか。レコードに残された自作自演の「メヌエット」（よく知られた名曲）を聴くと、胸を打たれます。

「アイーダ」などの歌劇で知られるジュゼッペ・ヴェルディ（1813－1901／イタリア）も、フランス、オーストリアの支配下からイタリアが独立した1861年から65年までの約5年間、国会議員を務めています。彼の場合は、名前VerdIの綴りが、独立時の国王ヴィットトリオ・エマヌエーレ2世（1820－78）の公的名称――Vittorio Emanuele Re D.Itaria――の頭文字に一致しているというので、愛国者たちの合言葉になっていたそうです。それ以前に彼が書いた「ナブッコ」という愛国的なオペラがイタリア人たちに大きな希望を与えていたという事情もありました。新政府が誕生すると、初代首相になったカミリオ・ベンソ・カヴールに頼まれて国会議員に立候補、見事当選したのだとか。

もう一人、「新世界」交響曲で有名なアントニン・ドヴォルザーク（1841－1904／チェコ）も1901年、「終身上院議員」になっています。当時のチェコはまだオーストリアの支配下にあり、独立したのは第一次大戦後でしたから、彼の身分は「オーストリアの議員」で、一種の名誉功労賞といった意味が付与されたもののようです。

いかがですか。日本の国会に音楽家たちが勢揃いしたって、決しておかしくないと思われませんか？そういう可能性がないとは言えないと思うのですが――。

第二の人生を考える

「生まれ変わり」は現世の振り返りから

生まれ変わったら、何になろうか――なんて考えたこと、ありませんか。八十路の坂をとっくに通り過ぎたせいか、私はこの頃よく考えますよ。と言っても、死後の世界があるのかないのか、生まれ変われるのかどうか――なんて分かりません。『あくまでも〝死後の世界〟が存在するとして』『魂だけは生き続けるとして』の話です。

もちろん、その前に間違いなくやってくる「死」があります。その場面を想像すると、実に怖くなります。死に方によっては痛そうだし、苦しそうだし、とても我慢できそうにありません。だから名曲喫茶の老店主は常々、妻や家族に話してあるのです、「ともかく痛いのはイヤだ。決して痛くないようにモルヒネでも睡眠薬でも、ガンガン注射してくれるよう、お医者さんによく頼んでくれ」と。

それでも、考え始めると落ち着かなくなり、じっとしていられなくなります。そこであらためて考えたのです、〈宗教が教え諭す「死後の生命」や「生まれ変わること」〉について。『もしそれが本当にあるとしたら、生まれ変わったとき私は何になりたいか、何ができるのか。そのことを想像してみよう』と。

生まれ変わるときにはまず、死ぬまでの現世生活を振り返る必要がありそうです。こんな歳まで生き、さらに「死後の生き方」を考える自分の〈今まで歩いてきた道＝過去〉とはどんなものだったのか。仕事だとか家庭生活、友人関係から趣味・遊びまでをあれこれと振り返り、思い出してみて、さて満足いくものだったのか、それとも不本意なものだったのか。『まあまあ、こんなものだろう』と納得できるのか――そんなことを思い返した上で、なおまだ満たされない部分が残るかもしれません。『人生って、この程度の体験しかできないものだったか』と悔いがあるかも……『だからこそ、もし別の体験が可能ならば試してみたい、挑戦してみたいと考えるのだろうか』――いつの間にか私は、過去と現在を往《い》き来しつつ、空想の世界に埋没していきます。

空想の世界に身を置けるなら、私が〝なりたいもの〟も一つに限りません。目を閉じれば瞬時にいくつか出てくるのです。その一つは、ピアニスト。テクニック習得までの過程は飛ばし、既に何でも弾ける状態になっているとして、そこから何をしたいかというと、〈多くのピアニストとはひと味違うユニークなプログラムや演出で目を惹く演奏者〉になることです。この願望は、生前の今でも若いピアニスト相手に喋《しゃべ》っているのですが、私に代わって実行してくれる人は見つかっていません。だから私が実際に行動で示してやろうと思うのです。

例えばその昔、RCA所属のピアニスト、ワルター・ハウツイッヒがやったような、アンコール・ピースだけによるリサイタル。「乙女の祈り」や「エリーゼのために」「トルコ行進曲」といった小品を30曲近く聴かせたら、どうなったか。お客さんが一曲毎に大拍手してくれたため、二晩の予定を急拠、もう一晩追加したというエピソードがあります。

若いピアニストにこの話をしますと、「そんなにたくさんの曲、暗譜するのが大変！」と言います。「楽譜を見ながらで、いいじゃないか」「いや、それじゃカッコ悪い」「誰も格好悪いなんて思わないよ、誰に対してそう思うの?」「仲間たちに……」「仲間なんか、呼ばなきゃいいじゃないの」「それでは、客席が埋まらない」——とまあ、ともかく理由をつけて、実行しない人ばかりなのです。だからこれをまず、私はやって見せようと思います。

他にも、(1)日常生活のさまざまな行事に合わせたプログラム——バレンタインとか季節、風景、旅、冠婚葬祭など(2)さまざまな人間感情にフィットする企画——喜び、悲しみ、悩み、苦しみ、孤独、恋など(3)自然(宇宙、月、星など)(4)珍曲(5)動物(6)絵画・色彩(7)子ども(8)文学・歴史(9)神・祈り——など、考え始めるといくらでもテーマが浮かんできます。それらに因《ちな》む、あるいは相応《ふさわ》しい曲を集めて、できるだけ頻繁にリサイタルを開くのです。編曲が必要なときは自分で何とかする——すべては〝お客さんの気を引くため〟という邪心がらみですが——などを続けていけば、ライバルたちとの差別化ができる気がします。

演出についてもいろいろなアイディアがありますが、気がつけば別項「コンサーを成功させるには」で、似たようなことを記していました。総じて〈お客さん第一に考える〉のが〝老店主流〟だと思っていただければ幸いです。

生まれ変われたら小説家にも政治家にもなりたいのだ

さて、「生まれ変わったら」という空想から生まれる2つ目の夢は、音楽家でなく作家を目指し「第2

の松本清張」になることです。これもデビューするまでの過程は省略。『どんな個性を自分の売り物にするか』だけを語らせてください。ひと言で言えば、「娯楽派でなく社会派を目指そう」と思うのです。

なぜ清張か――　世の中の不公平・不条理・いつまでもなくならない差別などを、松本清張さんは庶民の立場から分かり易く追求してくれています。そういう作家は他にも大勢いますが、彼のスタイルは〈身近にいそうな困った人〉〈追いつめられた人〉を主人公にして、サスペンスをたっぷり盛り込み、ゆっくりと解り易くストーリーを展開させる手法。そこが何とも好きなのです。

ただ、清張ファンなら誰しも感じているでしょうが、結末は多くの場合、100%、スカッとするものではありません。悪の主人公を徹底的に破滅させるまでには至らず、その直前あたりで終わってしまうわけです。なぜなのかは、分かっています。そこまでやったら読者はスカッとするかもしれませんが、それでは水戸黄門と同じで、現実にはあり得ない架空・娯楽の物語に終わってしまいます。「読者は不満だろうが、これが現実なのだ」というのが、小説の行間に託された清張氏の真意なのでしょう。それでも多くの読者の読後感には、なにかしら物足りなさが残ります。もう一歩「やったあ！」と読者を気分よくさせる手が考えられないでしょうか。

じつは私なりのアイディアがなくはないのです。本稿では明らかにしませんが、『それを〝第2の清張〟になって実行してやろう』と、秘かに考えているわけです。


空想が生む〝夢〟は他にもあります。あなたに笑われそうですが、政治家になること。これは現在の代議士を見ていて募る不満から生まれた夢です。

誰だって初めは、高い理想と大きな希望を持って立候補するのでしょうが、当選してみると、徒党を組まなければ何もできないことが分かります。民主主義の国ですから、すべて多数決で決まります。そこで政治信条の近い集団に加わることになるわけですが、そこには上下関係があって、各人の主義・主張がそれぞれ違うという現実に直面します。上の意向が強ければ、自分の信条と違っても従わざるを得ない場面に突き当たり、それを繰り返しているうちに、いつか初心を忘れ、身の安全の方が大事になってしまう――そんな事例がヤマほどあります。何たって、待遇が違いますからね。

そこで、私が議員になったらどうするか。とりあえずは論客として、上位を狙うでしょうね。何らかのポストを得て決断できる権限を持ったら、そこからが勝負です。正義感をベースに、是々非々主義で判断を下します。取り巻きや部下が何と言おうと筋を通すつもりです。

何より拘《こだわ》りたいのは、「任期中に何をやったか」が誰にも分かるような実績を挙げること。例えばもし総理になったら、翌月から消費税を1％引き下げます。これなら誰にも分かる実績ですよね。「財源をどうする」と野党が攻めてこようと、そんなものは、その辺にごろごろしているムダを省けば、何とでもなるので一蹴します。言うまでもなく、〈誰が命令してムダを洗い出すか〉が、国内政治最大のネック。政治家が良心に沿って一致団結すれば解決しますが、どの課題にもそれぞれ裏の圧力があって、個々の政治集団は分かっていながらあえて反対したり、難色を示したりします。議員諸公は、国民が納める税金の中から高額な報酬をもらっているのです。選挙民から見れば、そんな動きは納得できないし、許し難い点ですよね。本当のところ、この国を支配し動かしているのは誰？　と思わざるを得ません。

そんなわけで、私が政治家になったら、超党派主義に徹し、本気になって正義を唱え、実践します。周囲にも意思を同じくする同志を見つけて、まずは結果を出すのです。「誰もが歓迎する実績」を出すことを心がけようと思います。


他にも、飛行機が怖くて旅をすることを避けてきた私としては、「旅行作家になって、あちこちを旅行してみよう」とか「旅先の森の中にコンサート・ホールとカフェを造って、お似合いの名曲を聴きながら〝お茶〟できるようにしたい」「絵画が好きだから、好みの絵を集めて小さな美術館を開くのもいいな。疲れたらその片隅でコーヒーを飲めるようなレイアウトにしよう」――などと、夢は広がるばかり。いつの間にか死ぬことが怖くなって、早くそんな空想を実現してみたいとも思えてくるから不思議です。

まあ、この世で積み重ねた〈過去の体験〉は、よくも悪くも取り返しが利きません。そこそこに満足し納得するとして、続きは「第三の人生」を生きるなかで実現させるとしましょうか！

あとがき

クラシック音楽を巡るあれこれの話、最後まで読んでいただけたでしょうか。脱線気味になったところも少なくなかったので、「途中で飽きたよ」と溜息をつかれる方がおられたかもしれませんが、今、読み返してみますと、私自身は『まだまだ書き足りない。あれも書けばよかったなあ』と思うことが、たくさんあります。

振り返れば、憧れのレコード会社へ入社したのが23歳のとき。あれから55年、いろいろなことがありましたが何よりの収穫は、レコードを山ほど集められたこと。そしてじつに多くの方々と知り合う機会を得たことです。音楽界では第一線で活躍する演奏家や評論家と仕事ができましたし、演奏会にもずいぶん足繁く通いました。多くの先輩が亡くなられた今、一緒に制作したレコードや頂戴したサイン、関連本などを眺めていますと、過ぎた時間の早さと懐かしさが、たちまち胸に込み上げてきます。

若い私などには雲上の人とも思えた方々――串田孫一（随筆家）、団伊玖磨、柴田南雄（作曲家）、江間章子（「夏の思い出」の作詞）、畑中良輔、大谷例子（声楽家）、堀内敬三、山根銀二、武川寛海、門馬直美、佐川吉男、藁科雅美、服部幸三（音楽評論家）の諸氏をはじめ二葉あき子、フランク永井、見砂直照、沢たまきさんら、ポピュラー関係の人々――に、録音・コンサートその他で大変お世話になりました。

音楽界は今、本書中でも紹介しましたように、じつに厳しい状況に置かれています。クラシック演奏会や名曲喫茶が全盛を誇った時代の思い出を話しても、いささか通じにくい世相になっていますが、いつの時代も、耳元を通り過ぎていく〝音の群れ〟でなく、あれこれと想像の世界を広げてくれるクラシック音楽の良さを、一人でも多くの人にお奨めしたいと、そんな気持ちで文章に託しました。少しでもその思いが伝わりましたらお店に来ていただき、感想などお聞かせ願えれば嬉しい限りです。

本書出版にあたっては、元・日大教授の高橋章氏、フリープレス編集部・山内継祐、諸田遼平、山下征子の各氏、それから妻の節子にも大変お世話になりました。巷では折しも野球界のスーパースター・大谷選手の50－50達成が大ブームですが、本書も、私にとってちょうど50点目の自著作刊行。ヒーローの偉業との偶然の一致に感謝しつつ、世のクラシック音楽ファンの方々と共に、名曲を味わう楽しさ・面白さを分かち合いたいと、勝手に期待しているところです。

2025（令和6）年2月28日

45年目を迎えた名曲喫茶「ショパン」店主　宮本英世

【著者プロフィル】宮本英世（みやもと・ひでよ）

1937年10月27日、埼玉県生まれ。東京経済大学経済学部卒。日本コロムビア(洋楽部リーダーズ・ダイジェスト(音楽出版部)、トリオ(現・ケンウッド)系列会社社長を歴任。勇退後は現在地で、名曲喫茶「ショパン」(東京・池袋)を経営する傍ら、音楽評論・著述・講演・講座などの各分野で活動。

名曲喫茶「ショパン」店主の独奏譜　定価（本体1,500円＋税）

初版発行　2025年3月10日

著　者　宮本英世　©Hideyo Miyamoto　2025

発行所　〒355-0065　埼玉県東松山市岩殿　1103番地51

発行者　フリープレス　代表 山内継祐

電話 0493-77-1905　Fax 0493-77-4583

E-mail：info @ freepress.co.jp

印刷所　日本ハイコム株式会社

ISBN978-4-902358-11-7　乱丁・落丁は発行所にてお取り替えいたします。

■巻末参考資料

【筆者が上梓した主な単行本】（※丸カッコ内は初版年・出版社）

「レコード百科」（1981／誠文堂新光社）「クラシック名曲手帳」（1984／誠文堂新光社）「こんな時なにを聴く」（1985／音楽之友社）「名曲逸話」（1987／世界文物出版社）「名曲とっておきの話」（1987／音楽之友社）「名曲の意外な話」（1989／音楽之友社）「CDオンブックス／こんな時なにを聴く（全10巻監修）」（1990／音楽之友社）

「クラシックこんな聴き方がおもしろい」（1991／音楽之友社）「聴いておきたい究極のクラシック80曲」（1993／音楽之友社）「クイズで愉しむクラシック音楽」（1993／講談社）「ショパンを好きな理由」（1994／音楽之友社）「クラシックの名曲100選」（1994／音楽之友社）「クラシック珠玉の小品300」（1994／講談社）「続・クラシックの名曲200選」（1995／音楽之友社）

「作曲家とっておきの話」（1996／音楽之友社）「喜怒哀楽のクラシック」（1996／集英社）「よくわかるクラシック入門」（1997／主婦と生活社）「クラシック1日1名曲366日」（1997／講談社）「CDオンブックス／アダージョの世界（全5巻監修）」（1997〜98／音楽之友社）「授業に役立つ音楽の話」（1998／音楽之友社）「古典音楽通200問」（1999／揚智文化社）「クラシック心の旅」（1999／音楽之友社）「クラシックおもしろ鑑賞事典」（1999／東京書籍／日本版・韓国版も刊行）「子供と聴きたいクラシック100」（2000／音楽之友社）「マエストロ宮本のおもしろクラシック100」（2000／平凡社）

「聴くだけの音楽健康法」（2002／ヤマハミュージックメディア）「読むだけで通になるクラシック面白エピソード」（2002／ヤマハミュージックメディア）「燃えるクラシックこの100曲／名曲おもしろ雑学事典」（2003／インプレス）「ふしぎクラシックこの100曲」（CD付き／2004・インプレス）「男と女のクラシック夜話」（2004／フリープレス）「クラシックQ&A」（2005・アートユニオン）

「クラシックの贅沢」（CD付き／2006／PHP研究所）「クラシックよ永遠に」（2011／朝日クリエ）「クラシック深夜便」（2012／DU BOOKS）「魅惑のクラシック小品500」（2012／DU BOOKS）

【新聞・雑誌などへの主な寄稿】

北海道新聞、新潟日報、河北新報、公明新聞、月刊「東京人」、道路公団月刊誌、Z会月刊誌、「ムジカノーヴァ」「ショパン」「モストリークラシック」「アエラ」「プレジデント」「フロリスト」「カンパネラ」「サラサーテ」「あんさんぶる（カワイ楽器）」「キャリアガイダンス」「紫明」「サイン・オブ・ザ・タイムズ」「リバティ」「しんきんVISAはれ予報」「音楽の世界」などで連載エッセイを執筆のほか、レコード解説（各社）多数。